질문으로 여는 행복한 가정예배

질문으로 여는
행복한 가정예배

# 서문

"대화식 가정예배는 기존의 전통적인 예배 형식과 주입식 교육 방식에서 벗어나, 가족 구성원 간의 소통과 참여를 강조하는 새로운 형태의 예배 방식입니다."

구글 AI 제미나이에게 대화식 가정예배가 무엇이냐고 물으니 꽤 그럴듯한 한 문장으로 답했다. 단행본《대화식 가정예배》출간 후 한국과 미주, 일본, 튀르키예, 태국, 지구 반대편 아프리카까지 많은 분들의 격려와 응원, 조언이 있었다.

"대화로 가정예배 드릴 수 있는 것을 성경적으로 풀어줘서 고마워요."

"요즘 홈스쿨링하는 엄마들 모임에서 이 책을 함께 읽으며 나누고 있는데 많은 깨달음을 얻고 있습니다."

"하브루타 연구 모임에서 이 책을 나누고 질문으로 드리는 가정예배에 눈을 뜨게 되었어요."

"책을 보고 도전받아 가끔 하던 가정예배가 매일 대화식 예배로 바뀌었으니 저희 가정에 큰 부흥이 일어났어요."

서서히 확산되고 있는 대화식 가정예배가 머지않아 한국교회 안에 보편적인 가정예배로 자리매김하는 날이 올 것이다. 아니 와야만 한다. 대화식 가정예배는 하나님의 명령이자 신앙전수의 원안original plan이기 때문이다. 그래야 한국교회도 살고, 대한민국도 살아난다. 부모가 자녀에게 신앙을 전수하는 일은 이제 취사선택의 문제가 아니라 한국교회의 생사가 달린 문제다.

이 워크북은 전작 《대화식 가정예배》의 진액만 짜서 각 가정에서 최적화된 예배의 집을 세우도록 돕는 4주 가이드북이다. 이 책이 신앙의 명가를 세우기 원하는 모든 부모에게 작은 힘이 되었으면 좋겠다.

이 작업에 힘이 되어 준 예배사역연구소 오소협 소장과 간사들, 하브루타교육문화연구소 이성준 대표와 박정희 총무, 딥앤와이드 파운데이션 성보영 대표, 집필과 출판코칭으로 큰 힘을 준 작가의 집 황준연 작가와 오형석 작가, 무엇보다 가장 큰 힘이 되어준 아내에게 깊은 감사를 전한다.

2025년 3월
땅들의 끝[1] 에서
이유정

---

1) 필자가 사는 동네 길 이름

# 프롤로그

단행본 출간 후 벌써 1년 반이 흘렀다. 그동안 다양한 회복의 이야기들을 들었다. 수면 밑에 꿈틀거리는 조짐이 보인다. 이 워크북이 확산의 마중물이 되길 바란다.


하나, 생각보다 현실의 벽이 높다.

당위성을 이야기하면 가정이 변할 줄 알았는데, 변화의 동력이 아직 약해 보인다. 주입식 교육의 폐해로 아이들은 질문을 어려워하고, 질문하면 정답을 찾느라 눈치

보기 십상이다. 어른들도 자녀의 질문에 적절하게 대처하지 못해 힘들어한다. 기존의 대화 습관을 바꾸기도 쉽지 않다. 가족이 함께 모이기도 여간 어려운 게 아니다.


둘, 방법론이 아닌 가치다.

개신교 현장은 방향을 잃었다. 왜why 보다 노하우know-how에 집착한다. 교회가 밥을 떠먹여 주고 성도는 받아먹길 원한다. 어딜 가도 구경꾼만 즐비하다. 가치와 싸워야 한다. 가치가 바뀌어야 행동이 변한다. 주도적인 자녀로 키우려면 먼저 부모가 가치 중심 사고로 탈바꿈해야 한다. 가장 중요한 가치는 예배다. 그래서 나를 부르신 것 같다. 가정예배의 동력은 결국 삶의 예배에 있다.


셋, 하브루타가 그 마중물이다.

삶의 예배를 회복하는데 하브루타만 한 게 없다. 이는 유대교 학습법이 아니라, 인류에게 주신 일반은총이고,

무엇보다 가정교육을 위한 하나님의 강력한 명령이자 게임 체인저다. 게다가 지식, 수리, 순발력 같은 하등능력이 아닌 가치, 지혜, 진리 같은 고등능력[2]을 극대화하고, 나아가 관계 능력, 공감 능력, 대면 능력, 나아가 하나님의 뜻을 분별하는 영적 통찰력까지 좋아지게 하는 신박한 대화법이다.

넷, 오염된 가치는 말씀으로 깨진다.

죄로 인해 굳은 가치와 사고의 틀이 바뀌지 않는 한 천대까지 지속되는 신앙의 명가는 불가능하다. 향후 한 달이다. 독자는 말씀으로 생각이 바뀌고, 성령 안에서 사고의 틀이 깨지는 간절한 소망을 품었으면 한다. 그럴 때 우리 안에 견고한 진처럼 뿌리내린 비성경적 가치체계에 변화와 회복이 일어난다.

건투를 빈다.

---

2) 전성수, 이익열, 교회 하브루타 (두란노, 2016), 20.

# 오리엔테이션

대화식 가정예배 4주 워크샵에 오신 여러분을 환영한다. 이 워크북은 모든 그리스도인의 가정에서 대화식 가정예배를 시작할 수 있도록 돕기 위한 가이드북이다. 아울러 교회 목회자들이 성도들에게 가정예배를 드릴 수 있도록 돕기 위해 이 책을 활용할 수도 있다.

이 워크북은 총 4주 과정으로 구성되어 있다. 이 세상에 하나밖에 없는 예배의 집을 짓기 위해 기초와 기둥, 외벽과 실내장식을 건축한다.

1주는 대화식 가정예배가 잘 세워지도록 든든한 기초

를 세운다. 2주는 대화식 예배의 방법론인 하브루타, 안식과 예배이론으로 기둥을 세운다. 3주는 삶의 예배와 대화라는 외벽을 세우고, 4주는 실재 대화식 가정예배를 드리기 위한 준비, 진행, 연령에 따른 자료 등으로 실내를 장식한다.

각 주마다 6일 동안의 개인 읽기 자료와 적용 질문이 있고, 주 1회의 소그룹 나눔이 있다. 쉬어가며 읽는 '대가 이야기'는 연관된 에피소드다.

### 매일의 묵상

향후 한 달 동안 매주 월요일부터 토요일까지 짧은 묵상의 시간을 가질 것이다. 하루 15분 정도 누구에게도 방해받지 않는 시간을 정해서 아래에 기록하라.

시간:

개인적으로 고요한 새벽 시간을 추천한다. 그래야 하루 종일 그날 말씀과 연관된 주제 가치를 되씹고 묵상할 수 있다. 순서는 다음과 같다.

- 1분 기도: 성령님께 기도
- 오늘의 말씀 낭독: 내 귀에 들리게 2~3번 읽기
- 본문 읽기: 눈으로 읽고 묵상하기
- 적용 질문: 자신의 생각을 적거나 배우자와 나눈다
- 1-2분 조용히 묵상기도 후 마친다.

적용 질문은 출근, 퇴근, 또는 틈날 때 묵상했다가, 저녁 식사 후 또는 취침 전에 묵상 내용을 갖고 부부와 함께 나누면 제일 좋다. 이 워크북을 가정과 교회에서 부부 또는 소그룹으로 활용할 수 있다.

### 가정 대가학교

가정에서 부부가 함께하는 대화식 가정예배 학교다.

첫째, 가능하면 부부가 같이 공부하면 좋다. 먼저 4주간의 훈련 기간을 정하라.

둘째, 매일 묵상 시간은 각자 편한 시간을 정하거나 부부가 함께 묵상할 수 있는 시간을 정하라.

셋째, 주말 소그룹 토론은 가장 여유 있는 주말이나 주일에 1시간 정도를 부부가 함께 정하라.

넷째, 이때 6일간 읽은 내용 중에 가슴에 다가온 부분을 메모한 것과 적용 질문에 답한 내용, 그리고 주말 소그룹 질문들로 자유롭게 토론한다.

다섯째, 기도 제목을 노트하고 기도로 마친다.

## 교회 대가학교

교회에서 운영하는 대가학교는 교회나 단체에서 부부들이나 결혼을 앞둔 청년들을 위해 진행하는 과정이다.

첫째, 전교인 대상으로 4주 대가학교를 운영한다.

둘째, 교우 중 신청자나 결혼을 앞둔 청년들을 중심으로 대가학교를 운영한다. 1기, 2기, 3기 식으로 꾸준히 운영해 보라.

셋째, 교회의 환경과 상황에 따라 셀 단위, 구역 단위로 융통성 있게 대가학교를 운영할 수 있다.

넷째, 진행 방식은 주 1회 모임은 담당 교역자가 인도하고, 평일 읽기와 적용 질문 메모는 집에서 각자 한다.

다섯째, 주 1회 모임의 진행은 함께 찬양 1곡 한 후에 기도하고, 담당 교역자, 또는 평신도 리더가 해당 주차의 내용을 3~5분 정도 짧게 나누고, 4~6명의 소그룹으로 흩어져서 나눔의 시간을 갖는다. 다시 모여서 소그룹 별로 리더나 추천된 한 분이 나눴던 내용을 정리 발표하면 더 풍성한 시간이 될 수 있다.

### 대가클럽

대가클럽은 가볍게 운영할 수 있는 수다모임이다.

첫째, 대가클럽은 대가학교 4주 과정을 마친 분들이 대화식 가정예배 현장에서 겪는 어려운 점, 좋은 점, 궁금한 점을 서로 나누는 가벼운 수다 모임이다.

둘째, 대가클래스를 마친 부부들 가운데 몇몇 가정, 또는 엄마들끼리 커피타임을 하면서 서로의 궁금점들과 성공담을 나눈다.

셋째, 대가학교를 마친 부부들이 매주, 또는 매월 2회씩 만나서 어려운 점, 아이디어 등을 나눈다.

# 목차

## 2주 · 대화식 예배의 기둥 올리기 · 65

# 1주

---

# 친밀한 가정의 기초 다지기

"나는 영국의 모든 신학자보다
어머니에게 기독교에 대해 더 많이 배웠다."

- 존 웨슬리

# 1주 차의 의도

1주 차는 대화식 가정예배의 기초에 해당한다. 첫 주 키워드는 '가정설계', '아버지의 마음', '친밀함', '순종', '쉐마', 그리고 '신앙교육'이다. 이 모두 가정의 성소를 세우고 자녀에게 신앙을 전수하기 위한 기초적인 가치들이다.

당신은 3주 차까지, 매일 그날의 말씀을 통해 하나의 주제 키워드와 씨름하게 될 것이다. 모든 키워드에 성경의 가치가 담겨 있다. 단 하루도 소홀히 하지 말라. 그럴 때 소중한 성소의 벽돌이 하나씩· 쌓여가는 기쁨도 맛보고, 무너진 가정의 성소가 재건될 것이다.

잊지 말라. 매일 당신 곁에서 도우시는 성령께서 함께 하신다는 사실을. 그분은 예배의 거장이시기에 가정의 예배를 회복하는 길을 누구보다 잘 알고 계신다.

여러분을 응원한다.

## 1주 차 1일 | 월

# 신혼 1년 생활비를 지원합니다

### 가정설계

**오늘의 말씀**

아내를 맞은 새신랑을 군대에 내보내서는 안 되고, 어떤 의무도 그에게 지위서는 안 됩니다. 그는 한 해 동안 자유롭게 집에 있으면서, 결혼한 아내를 기쁘게 해주어야 합니다. (신 24:5)

"신혼 1년 생활비를 지원해 드립니다."

황당한 이야기처럼 들릴 수도 있어요. 누가 그런 말도 안 되는, 귀가 솔깃한 말을 한답니까? 바로 유대인들이에요. 그들은 신혼 일 년 동안 부부가 경험한 사랑과 소통, 자녀 양육 청사진이 이후 60년 부부 생활을 결정한다고 믿어요. 오늘의 말씀이 그 근거 구절이고요. 성과 중심의 현대사회에서는 있을 수도 없고, 용납도 안 되는 꿈같은 이야기죠.

하지만 이건 우리의 선입견이에요. 가정을 만드신 하나님의 입장에서 상상해 보세요. 과연 우리가 하나님만큼 가정에 대해 잘 알고 있을까요? 하나님은 왜 가정을 만드셨을까요? 왜 하나님은 남편에게 인간의 상식과 동떨어진 무리한 요구를 하셨을까요?

하나님께는 가정이 신혼 초 1년을 투자할 만큼 중요하기 때문이에요. 그래서 신혼 1년은 신랑이 밖에서 바쁘게 일하는 것보다 신부를 기쁘게 하는 데 전념하라고 하셨어요. 성취보다 아내가 중요함을 가르치신 거예요. 돈보다 가정이 중요함을 선언하신 거예요. 하나님의 시각에서 보면 결코 허황된 망상이 아니에요. 남녀가 결혼해서 60년을 행복하게 살려면, 가정을 설계하는데 신혼 1년도 부족해요. 그만큼 가정은 엄청난 가치를 지닌 집단이에요.

수잔과 바비는 《여자의 일생에 가장 중요한 한 해》라는 책에서 신혼 1년을 '아직 시멘트가 굳지 않은 해'라고 했어요.[3] 유명 인사들이 보도블록에 핸드프린팅을 새길

---

3) 전성수, 이익열, 교회 하브루타 (두란노, 2016), 20.

때 시멘트가 굳기 전에 손도장을 찍어요. 이후 시멘트가 굳으면 더 이상 수정할 수 없게 되지요. 신혼 1년은 부부의 사랑과 자녀 양육의 설계라는 시멘트가 아직 굳기 전 시기에요. 그래서 이때 경험한 부부 관계가 남은 평생을 지탱해 준다는 것이죠.

유대교를 믿는 유대인들은 지금도 신명기 24장 5절을 그대로 실천합니다. 결혼 후 1년간 남편이 부부 생활과 자녀 양육을 위해 성경 공부에 전념할 수 있도록 유대공동체가 생활비를 지원해 줘요. 우리가 신혼 초부터 눈에 보이는 집, 좋은 차, 여가를 위해 한 푼이라도 더 버는 동안, 유대인은 눈에 보이지 않는 가정을 건축하는 데 사활을 걸고, 공동체가 나서서 돕고 있는 것이죠.

이 충격적인 메시지가 결혼을 앞둔 젊은이들이나 신혼 초 부부는 물론 이미 결혼하신 분들에게도 육중한 무게로 다가왔으면 좋겠어요. 가정은 절대 저절로 세워지지 않아요. 당신이 하나님의 자녀라면, 그분께서 청사진으로 주신 부부 관계와 자녀 양육에 관한 말씀을 신혼 초 일 년이라는 시간을 온전히 투자하는 마음으로 연구해

보세요.

그에 비하면 이 워크북은 4주밖에 안 되는 짧은 과정에 불과해요. 그러니 적어도 3주 차까지 다룰 18개의 핵심 가치는 몸과 마음에 꼭 장착해 보세요.

### ◆ 적용 질문

✔ 왜 하나님은 부부 관계와 자녀 양육이 신혼 초 일 년이라는 시간을 온전히 투자할 만큼 가치 있다고 여기셨을까?

✔ 자녀 양육과 부부관계의 기초를 다지는 성경 공부를 위해 신혼 1년 동안 생활비를 지원하는 교회 공동체가 21세기 오늘날에도 가능하겠는가?

# 가정의 놀라운 잠재력

오늘날 현대인에게 가정은 퇴근해서 쉬고 취침하고 다시 출근하는 숙박시설로 변질되어 가고 있어요. 그래서 수많은 가정이 정서적으로나 영적으로 기아 상태예요. 하나님은 태초에 가정을 창시하실 때 오늘날처럼 초라하고 말라비틀어진 숙박시설로 만들지 않으셨어요.

현대인은 하나님이 만드신 가정이 얼마나 대단한 곳인지, 그곳이 얼마나 놀라운 잠재력을 지닌 집단인지, 그곳에서 얼마나 엄청난 일이 벌어지고 있는지 망각하고 사는 것 같아요. 가정은 인간관계의 모든 영역은 물론, 지적, 정서적, 영적인 영역까지 연습하고, 실현하며, 위대한 꿈을 꾸는 작은 우주예요. 선과 악을 분별하고 사랑과 공의를 배우는 훈련소이고, 자신의 있는 모습 그대로 용납되고 수용되는 안전지대예요.

하나님께 가정은 그 어느 집단보다 최우선적인 관심의 대상이에요. 일반적으로 가정의 역할에 대해 이렇게 말할 수도 있어요.

"가정은 자녀를 낳고 열심히 양육해서 좋은 대학 보내고, 좋은 직장 취직해서 결혼하고 행복한 가정을 이루는 역할만 잘해도 충분하지 않은가요?"

네 요즘 같아서는 이 정도도 대단한 거예요. 하지만 우리는 여기서 멈춰서는 안 돼요. 가정을 만드신 하나님의 의도로 나아가야 해요. 성경이 말하는 가정은 그 이상이에요. 하나님은 가정에게 세상을 다스리는 사명을 주셨어요. 인류를 구원하는, 대 사명의 성패가 가정이라는 최소 단위에서 좌우되는 거예요.

디트리히 본회퍼 목사가 감옥에 있을 때 결혼을 앞둔 조카를 위해 결혼 축하 설교문을 보냈어요.

"결혼이란 서로 사랑하는 것 이상이란다. 연애는 너희 두 사람만의 일일지 모르지만 결혼생활은 네가 하나님께 영광을 돌릴 다음 세대를 연결하는 고리 역할을 하게 된단다. 연애 중일 때는 네 행복만을 생각하겠지만 막상 결혼하게 되면 세상과 인류를 위한 책임을 지게 되는 것이지."[4]

결혼의 목적은 서로 사랑하는 두 사람이 행복하게 사는 사적인 영역을 넘어 세상과 인류를 위한 책임을 감당하는 공적인 사명까지 포함돼요. 특히 본 회퍼가, 결혼의 역할이 '다음 세대의 연결고리'라고 한 표현이 가슴에 남아요. 그만큼 다음 세대를 잘 일으키고, 부모 세대의 지혜와 정체성, 인성과 신앙을 전수하는 일은 한 개인의 역할을 넘어 인류를 위한 책임이고, 나아가 하나님께서 모든 가정에 주신 영광스러운 사명인 거예요.

---

4) 래리 크리스텐슨, 그리스도인 가정의 신비, 강안삼 역
(미션월드라이브러리, 2006), 18.

# 아비의 마음을 자녀에게

## 아버지의 마음

**오늘의 말씀**

그가 아버지의 마음을 자녀에게로 돌이키고, 자녀의 마음을 아버지에게로 돌이킬 것이다. 돌이키지 아니하면, 내가 가서 이 땅에 저주를 내리겠다. (말 4:6)

최근 한국에서 주변에 예수 믿는 청소년이 있다면 그건 기적이라는 말까지 들었어요. 한국 교회는 지금 큰 위기 상황이에요. 20대 이하는 복음화율이 3퍼센트대, 선교학적으로 미전도 종족이니 선교 대상지로 전락하고 만 거예요.

미래학자들은 수년 전부터 현 상황을 회복할 수 있는 골든타임이 10년밖에 남지 않았다고 경고했고요. 만일 아무 대안 없이 향후 5년에서 10년이 지나면 한국교회는 돌이킬 수 없는 상황에 직면할 것이라고 했어요.

왜 이런 일이 벌어진 걸까요? 386세대의 책임이 커요. 우리는 다음 세대에게 어떻게 신앙을 전수해야 하는지 잘 몰랐어요. 그래서 자녀의 신앙은 주일학교에 위탁해 놓고, 열심히 봉사하고, 훈련받고, 전도하고 사역에 전념했어요. 큰 착각이었지요. 교회는 크게 성장했지만, 다음 세대는 썰물처럼 교회를 빠져나갔어요. 참 부끄러운 죄예요.

이천사백여 년 전, 말라기는 당시 사회를 향해 피를 쏟는 심정으로 "아비의 마음을 자녀에게 돌이키지 않으면 하나님의 저주가 임할 것"이라는 메시지를 던졌어요. 그 이후 400년간 하나님이 침묵하시는 암흑기를 맞게 됩니다.

이 메시지는 오늘 우리에게도 유효해요. 하나님의 준엄한 말씀 앞에서, 아비들의 마음을 자녀에게 돌이켜야 해요. 하나님의 말씀은 1점 1획도 소홀히 여겨서는 안 돼요.(마 5:18)

아버지의 마음에 중심 이동이 일어나야 해요. 주 관심사를 성공과 번영에서 자녀로 바꾸는 거예요. 자녀들도 스펙 쌓고, 좋은 직장과 돈 많이 버는 것보다 부모의 믿음의 유산에 마음을 두는 거예요. 이를 위해 하나님의 말씀을 귀담아듣고, 부모와 자녀의 친밀한 관계 회복에 마음을 쏟기 시작해야 해요. 자녀가 하나님을 떠나는 것보다 더 큰 저주는 없어요. 더 큰 파국을 만나기 전에 이 땅의 부모들이 마음을 돌이키는 거룩한 결단이 운동처럼 일어나기를 기도해요.

◆ **적용 질문**

✓ 가장 큰 저주는 무엇일까?

✓ 아비로서 자녀보다 내 마음을 더 사로 잡는 것이 있는가?

# 가정예배 실패자의 고백

2020년, 전무후무한 전염병으로 예배의 문이 닫히면서 가정예배가 화두로 떠올랐어요. 하지만 시대가 바뀌었고 문화도 변했는데 가정예배는 여전히 수십 년 전에 머물러 있어요. 그동안 만난 수많은 MZ 세대가 가정예배에 대한 부정적인 기억과 상처를 토로했어요. 대부분 부모의 강압적인 태도와 훈계, 지적 때문에 가정예배에 반감을 갖고 있었어요. 가정예배 때문에 오히려 신앙과 멀어지거나 부모와 거리감만 더 깊어진 분들도 있었고요.

솔직히 저도 가정예배에 실패한 아빠예요. 사춘기 자녀들과 가정예배 드릴 때마다 마음이 상했어요. 저는 아이들의 예배 태도가 마음에 안들었고, 자녀들은 경직된 예배를 왜 집에서도 드리는지 이해하지 못했어요. 결국 우리 집 가정예배는 실패하고 말았지요. 아이들이 집을 떠난 후 뒤늦게 후회했어요. 그렇게 딱딱하고 지루하게 드리지 않아도 되는 길이 있다는 것을 그때는 몰랐어요.

이 책을 쓰면서 몇 번이나 펜을 꺾고 싶은 충동이 있었어요. 자격지심 때문이죠. 2019년 "다음 세대 신앙전수" 예배포럼에서 만난 하나님의 강력한 부르심이 없었더라면, 저는 벌써 포기했을 거예요.

집필하는 내내, 아버지로서 자녀의 신앙교육에 무지했던 모습이 말씀 앞에 모두 드러났어요. 처음엔 많이 아팠고, 많이 울었고, 많이 회개했어요. 최근에는'이렇게 했으면 가정이 너무 행복했을 텐데', '이런 방법으로 아이들과 매주 말씀을 나눴다면 얼마나 재미있었을까?', '아, 매일 하던 베드타임 스토리에서 성경 동화를 창의적으로 함께 나눴다면 아이들 마음에 성경적 가치가 더 온전히 심어졌을 텐데' 등등 회한과 아쉬움이 끊이지 않아요.

마치 한 달란트 받은 종이 그 달란트를 땅에 묻어두었을 때, 주인이 "악하고 게으른 종아… 슬피 울며 이를 가는 일이 있을 것이다" (마 25:26, 30) 말한 그대로예요. 하브루타는 하나님께서 주신 일종의 달란트와 같아요. 그런데 역으로 가정예배에서 하브루타로 열심히 말씀을 나눈다면, 상상할 수 없는 유익을 가족 모두가 누릴 수 있어요. "잘했다, 착하고 신실한 종아! 네가 적은 일에 신실하였으니, 이제 내가 많은 일을 네게 맡기겠다. 와서 주인과 함께 기쁨을 누려라." (마 25:23)

모태신앙으로 60여년 살아온 한국 교회 내부자로서, 저는 그런 행복한 가정예배가 가능하다는 사실조차 들어본 일이 없고, 경험한 적도 없어요. 대화식 가정예배를 20년 전에 접했더라면, 지금 저희 가정은 완전히 다른 모습이었을 거예요. 교회 사역은 물론 사역도 완전히 다른 모습으로 그려 나갔을 거예요.

# 인구절벽의 해법이 친밀함?

## 친밀함

### 오늘의 말씀

또 아버지 된 이 여러분, 여러분의 자녀를 노엽게 하지 말고, 주님의 훈련과 훈계로 기르십시오. (엡 6:4)

코로나도 힘겨웠지만, 그보다 더 큰 문제가 지난 수년 간 한국의 언론과 미디어를 장식해 왔어요. 바로 '인구절 벽'이에요. 2023년 4분기 출산율이 사상 처음 0.65%로 떨어졌어요. 인구학적으로 전례가 없는 수치예요. 최근 뉴욕타임스는 한국의 인구소멸이 중세 흑사병 때보다 더 빠르게 진행될 수 있고 경고했고요.

최근 SBS에서 정부의 인구정책 전문가와 나눈 대담을 보았어요. 그는 정부가 막대한 재정을 쏟아부어 할 수 있 는 모든 것을 다 해봤지만 현장은 전혀 움직이지 않는다며, "유일한 대안은 근원적인 문제, 즉 부모와 자녀의 친밀한 관계 회복에 있다"[5]고 했어요. 설교 듣는 줄 알았어요. 교회가 세상에 외치고 도전해야 할 메시지를 정부 연구원이 사회를 향해서 호소하고 있는 거예요. 이분이 언급한 "부모와 자녀의 친밀한 관계"가 이 워크북의 핵심 주제예요.

친밀한 관계를 쌓으려면 일단 "자녀를 노엽게 하지" 말아야 해요. '노엽게 하다'의 헬라어 '파롤기조'는 '격렬하게 분이 치밀어 오르거나 몹시 화나게 한 상태'를 말해요. 이 정도 분노가 표출되는 이유는 반복된 화가 지속적으로 쌓였기 때문이지요. 자녀를 분노하게 만드는 부모의 5가지 사례를 운전에 비유한 재미있는 예화[6]입니다.

① 과속형: 자녀의 나이에 맞지 않게 무리한 것을 강요하거나 매사에 기대 이상을 요구하고, 조기교육에 혈안이 된 경우.

---

5) 인구절벽, "이제는 방법이 없다" (ft. 이상림 연구위원)
https://youtu.be/uZDTlVaoUQ8 (2023년 5월 24일 열람)
6) 대한예수교장로회 구역공과해설, 17-19 (총회교육, 2017).

② 음주 운전형: 음주 운전자가 제멋대로 차를 몰듯, 부모가 기분에 따라 충동적으로 자녀를 대하는 경우.

③ 끼어들기형: 자녀가 스스로 문제를 해결하도록 기다려주지 못하고 간섭하고 통제하는 경우.

④ 경주형: 걸핏하면 형과 누나, 친구나 옆집 아이, 혹은 사촌과 비교하는 경우.

⑤ 신호위반형: 도덕, 윤리, 법, 규칙을 무시하고 자녀의 성공을 위해서라면 무슨 짓이라도 마다하지 않는 경우.

혹시 이런 행동들이 왜 자녀를 노엽게 하는지 이해가 되지 않는다면 심각하게 자신을 돌아봐야해요. 이 다섯 가지만 조심해도 화를 키우고, 분노가 쌓여 폭발하는 사태를 막고, 자녀와 친밀한 관계를 유지할 수 있어요.

한국은 인구 다섯명 중 한 명이 크리스천인 나라에요. 지금부터라도 전 교단적으로 부모와 자녀의 친밀한 관계를 회복하는 운동을 실천한다면, 국가가 반토막날 위기를 막고, 기독교가 대한민국을 살리는 종교가 될 수도 있을거에요. 신앙의 단절, 인구절벽의 해법은 교회가 아닌 가정에 있어요. 기독교인들부터 부모와 자녀의 친밀함을 증진시키는 일에 사활을 건다면 가정도 살고, 국가도 희망이 있어요.

◆ 적용 질문

✓ 평소에 가족의 친밀함이 얼마나 중요한 가치인지 생각해 본 적이 있는가?

✓ 자녀와의 친밀함이 왜 인구절벽의 해결책이라고 생각하는가?

✓ 부모의 5가지 사례 가운데 나에게 해당하는 사례는 몇 가지인가? 어떻게 해결할지 결단해서 적고, 성령께서 도와주시기를 기도한다.

# 자녀에게 영적 애착 강화하기

친밀함은 사랑받고 싶어 하는 인간의 본능이에요. 이것이 애착이에요. 애착은 육아 양육의 모든 것이라 할 만큼 중요해요. 특히 애착을 형성하는 초기 3년은 엄마의 충분한 사랑과 관심, 스킨십이 필요한 때예요. 이때 엄마가 해야 할 가장 중요한 행위는 아이와 놀아주고, 소통하고, 대화하는 것이에요.[7]

TV 프로그램 (이하, 우아달)[8]에서 이상 행동을 보이는 아이들을 치료하기 위해 소아 전문 코치가 내린 해결책은 대부분 아

---

7) 전성수, 자녀교육 혁명 하브루타, 162.
8) SBS에서 2005년부터 10년간 방영한 "우리 아이가 달라졌어요"는 이상 행동을 보이는 유아와 어린이의 문제점을 고쳐주는 프로그램이다.

이와 놀아주기예요. 어려서부터 부모와 충분한 대화를 통해 안정된 애착을 형성한 청소년의 특징은 자아상이 긍정적[9]이에요. 이런 아이는 어떠한 일이든 자신감을 갖고 도전해요. 일정 기간이 지나면 부모를 떠나 자신의 삶을 주도하며 개척해 나가구요.

그런데 애착 관계가 불안정한 아이들은 잠투정, 음식 투정, 학습장애를 일으키고, 주의력 결핍, 자폐증, 공황장애, 강박 증세까지 나타나요.[10] 〈우아달〉에 나오는 아이들의 이상 행동 원인은 절대다수가 부모의 잘못된 육아 때문이에요. 이 프로의 진짜 제목이 "우리 부모가 달라졌어요"이어야 한다는 말이 나올 정도예요.

자녀의 모든 문제는 부모에게 달려 있어요. 문제는 대다수 부모가 문제의 심각성을 깨닫지 못하거나, 자신에게 문제가 있다는 점을 전혀 인식하지 못한다는 데 있어요. 그나마 이 TV 프로그램이 희망을 남겨준 것은 부모의 태도가 바뀔 때, 자녀의 이상 행동은 반드시 교정된다는 점이에요.

---

9) Ibid., 70.162.
10) Ibid., 54-75.

부모와의 건강한 애착 관계 위에, 조건 없이 우리를 사랑하시는 하나님과의 애착 관계가 더해진다면 무슨 일이 벌어질까요? 자녀들은 세상이 감당할 수 없는 인물로 자라게 됩니다.

인생이라는 물컵이 있어요. 아이들의 인생 컵에는 잔소리, 지적, 비교, 비난, 모욕, 폭언이라는 더러운 흙이 시시때때로 들어가요. 한번 더럽혀진 흙탕물은 제아무리 이물질을 건져내도 여전히 더러워요. 하지만 이 컵에 맑은 물을 계속 부으면 이물질들이 컵 밖으로 나오고, 물은 점점 깨끗해져요. 오염된 마음의 이물질을 제거하기 위해 말씀이라는 생수를 자녀의 심령에 부어보세요. 부으면 부을수록 아이의 심령은 맑아집니다.

◆ 꿀팁

대화식 예배는 자녀의 마음에 복음의 생수를 쏟아붓는 현장이다. 이 예배는 부모와의 애착은 물론, 하나님과의 애착까지 깊어지게 하는 지름길이다.

# 간단하지만 획기적인 대안

순종

## 오늘의 말씀

네가 내 말에 순종했으므로 네 자손을 통해 이 땅의 모든 민족들이 복을 받을 것이다. (창 22:18)

전성수의 《복수당하는 부모, 존경받는 부모》를 읽고 가슴으로 울었어요. 그는 대한민국 부모처럼 자녀를 위해 돈, 시간, 열정을 다 쏟아붓는 일도 없는데, 나중에 자녀가 부모를 찾아뵙고, 사이좋게 지내는 비율은 세계에서 가장 낮다고 했어요. 그래서 '복수당하는 부모' 만큼 한국의 자녀 교육 현실에 정확한 말은 없다고 했어요. 대부분의 복수의 원인이 가정에서 부모가 자녀를 그렇게 길렀기 때문이라는 거예요.

복수의 형태는 공부 안 하기, 숙제 미루기, 대학 떨어지기, 부모 말 안 듣기, 부모 공경 안 하기, 부모에게 대들기, 게으르기, 부모 공격하기, 방문 걸어 잠그기, 친구에게 욕하기, 부모에게서 최대한 멀리 떨어져 살기, 정서적 장애 일으키기 등이라 했어요. 가슴을 칼로 도려낼 만큼 아픈 우리들의 이야기죠. 해결 방안은 없을까요?

1960년에 캘리포니아에 살던 30, 40대 부부들이 수련회로 모였어요. 모임의 주제는 "어떻게 하면 아이들을 더 잘 양육할 수 있을까?"였지요. 대화가 깊어질수록 문제가 해결되기는커녕 오히려 자녀 양육의 걸림돌들, 해결하지 못한 문제들이 계속 쏟아져 나왔어요.

실망에 빠져 낙심해 있던 참석자들에게 성령께서 지혜를 주셨어요. 그것은 간단하지만 획기적인 방법을 시도하는 것이었어요. 즉, 성경에서 가정에 대해 무엇을 말하는지 찾아서 그대로 실천해 보기로 한 것입니다.

결과는 놀라웠어요. 부부가 서로 어떻게 살아야 하는지, 부모가 아이들에게 어떻게 주의 훈계와 교훈으로 양육해야 할지에 대한 새로운 길을 찾을 수 있었어요. 이들은 단지 성경에서 발견한 원리를 가정과 삶에 적용해 보앉을 뿐인데[12] 가정이 회복되고 자녀가 변화되었어요. 이 경험을 근거로 《그리스도인 가정의 신비》[13]라는 책이 출간되었고, 이 책으로 백만 가정 이상이 변화되었어요.

만일 여러분이 자녀에게 신앙의 계승을 바란다면 감히 도전합니다. 오늘부터 신앙전수와 예배에 관한 성경 말씀을 단순히 순종, 실천하는 거예요. 향후 4주 동안 가정예배 건축을 위해 우리가 집중적으로 살펴볼 몇 개의 구절이 있어요. 첫째, 쉐마로 불리는 신명기 6장 4~9절, 둘째, 가정의 안식을 지켜주는 레위기 23장 3절, 셋째, 예수의 예배 선언인 요한복음 4장 23~24절, 마지막으로 바울의 삶의 예배 선언인 로마서 12장 1~2절이에요.

이 구절들을 가슴에 새기고 묵상하고 실천할 때, 하나님의 쉐키나, 즉 그분의 임재가 우리를 다스릴 거예요. 그 결과 하나님의 통치는 우리 대에서 끝나지 않고 "자손을 통해 이 땅의 모든 민족들이 복"(창 22:18)을 받게 될 거예요.

---

12) 래리 크리스텐슨, 가정의 신비, 강안삼 역 (미션월드, 2002), 9-10.
13) 이 책의 가치는 의심할 여지가 없지만, 책이 출간된 50년 전과 오늘의 문화적 갭을 고려해서 읽을 필요가 있다.

하지만 불순종할 때, 주님의 통치는 멈추고, 그분과 동행하는 복, 그분의 다스림 속에 임하는 은혜, 샬롬으로 충만한 삶은 우리 대에서 끊어져요. 신앙의 계승은 특별한 노하우나 이벤트 또는 호소력 있는 설득으로 되지 않아요. 단순히 말씀을 지킬 때 실현됩니다.

◆ 적용 질문

✓ 신앙 계승을 위한 간단하지만 획기적인 방법이 무엇인가?

✓ 신앙전수는 취사선택의 문제가 아니라 순종의 문제다. 나는 자녀 양육에 대한 성경의 명령에 문자 그대로 순종할 마음의 준비가 되어 있는가?

# 초신자도 대화식 예배가 가능한가요?

네 가능합니다. 초신자라 해도 하나님을 사랑하고, 그분의 명령에 순종할 때, 우리는 부족해도 하나님이 일하시고, 하늘의 뜻이 땅에 이루어지는 역사가 일어날 수 있어요.

물론 아버지는 가정의 제사장이라는데, 성경도 잘 모르면서 과연 토론 방식으로 말씀을 제대로 해석해서 자녀를 이끌어갈 수 있을지 걱정될 수 있어요. 목사가 아니면 사사로이 성경 해석하는 것을 금하는 보수적인 교단도 있으니 얼마든지 나올 수 있는 질문이에요. 당연히 성경을 많이 알고, 신앙생활을 오래 해온 부모가 말씀에 대해 자녀와 질문하고 토론하기가 훨씬 쉬울 거예요.

일단, 초신자를 무시하는 태도는 잘못된 거예요. 바울은 "믿음이 약한 이를 받아들이고, 그의 생각을 시비거리로 삼지 마십시오."(롬 14:1) 라며 초신자의 신앙을 있는 그대로 존중하라고 했어요.

성경 지식의 많고 적음보다 중요한 것은 자신의 신앙 수준에서 하나님을 아는 만큼, 부족해도 순종하려고 애쓰는 모습 자체예요. 그런 정직한 모습을 하나님도 기뻐하시고, 자녀들은 더 존경하게 될 거에요.

유대인은 하나님을 사랑하는 최고의 행위로 말씀을 가슴에 새기고 자녀에게 말씀을 강론(대화)하는 것으로 알고 실천했어요. 성경 지식을 많이 쌓는 것보다 말씀 한 구절이라도 가슴에 새기고, 깨달은 만큼 나누고, 지키려고 애쓰는 삶이 더 중요해요. 잘 모르니까 더 성령님께 의지하게 되구요.

놀라운 것은 자녀와 대화식으로 말씀을 나눌 때 오히려 부모가 배우는 것이 더 많다는 거예요. 자녀의 생각과 관심사도 알게 되고, 모르는 것이 나오면 주중에 목사님에게 묻거나, 성경 공부를 하면서 배우게 돼요. 이렇게 배운 말씀으로 가정예배에서 자녀와 토론하면 그 지식은 온전히 내 것이 되고요. 해석이 허공을 때리는 일도 없을 거예요. 이렇게 말씀 한 구절이 가슴에 남고, 그렇게 경험한 말씀, 가슴을 움직인 구절, 자녀와 토론한 구절은 부모와 자녀 모두에게 놀라운 영적 경험을 가져다줄 거예요.

### ◆ 꿀팁

바람이 있다면 교회마다 목회자와 함께 누구나 말씀에 대해 자유롭게 질문하고 토론하는 성경클럽 하나 즈음은 있었으면 좋겠어요. 아버지들이 성경을 공부하는 성경 하브루타 반이나, 개인 성경 연구 과정[14]이 교회마다 생겼으면 좋겠어요.

---

14) 이재천, 개인 성경 연구 핸드북 (IVP, 2003)

## 1주 차 5일 | 금

# 최악의 환경에서 붙잡은 쉐마

쉐마

### 오늘의 말씀

이스라엘아 들으라 우리 하나님 여호와는 오직 유일한 여호와이시니, 너는 마음을 다하고 뜻을 다하고 힘을 다하여 네 하나님 여호와를 사랑하라. 오늘 내가 네게 명하는 이 말씀을 너는 마음에 새기고, 네 자녀에게 부지런히 가르치며 집에 앉았을 때에든지 길을 갈 때에든지 누워 있을 때에든지 일어날 때에든지 이 말씀을 강론할 것이며 (신 6:4-7, 개역개정)

우리가 붙잡을 첫 번째 말씀에 대해 나누려고 해요.

가나안 입성을 코 앞에 두고, 모세는 여호수아 세대에게 하나님의 명령을 유언처럼 남겼어요. 바로 유대인이 민족의 신앙 헌장으로 삼고 '쉐마'라고 이름 붙인 신명기 6장 4~9절이에요. 가나안 초기에는 부모들이 하나님을 잘 섬겼어요.(삿 2:7) 하지만 점차 가나안의 풍요와 우상에 취해서 쉐마 말씀을 무시하기 시작했고, 신앙 계승의 의무를 저버렸어요. 결국 가나안 2세들은 "주님을 알지 못하고, 주님께서 이스라엘을 돌보신 일도 알지 못했어요." (삿 2:10 하)

그 이후로 이스라엘은 분열과 타락으로 몰락의 길을 걷다가 성전이 파괴되고, 나라를 빼앗기며, 바벨론 포로가 되어 더 이상 성전 예배를 드릴 수 없게 되었어요. 그제서야 정신을 차렸어요. 이대로 가다간 나라가 사라질 위기임을 깨달은 거에요. 그때부터 쉐마를 민족의 신앙 헌장으로 삼고 목숨 걸고 지키기 시작했어요. 엄청난 대가를 치루고야 비로소 정신을 차린 거죠.

유대인들은 하나님을 사랑하는 것을 지상 목적으로 여기고, 그분을 사랑하는 최고의 방법을 부모가 자녀에게 성경을 가르치는 것으로 여겼어요.[15] 그래서 가장 안전한 곳인 가정을 하나님의 임재가 있는 최소단위의 예배 처소, 즉 '작은 성소'(겔 11:16)로 삼았어요. 토요일 오전 회당 예배와는 차별된 금요일 저녁 안식일 만찬 예배를 새롭게 만들어 드리기 시작했구요.

---

15) 전성수, 자녀교육 혁명 하브루타 (두란노, 2019), 135.

이 안식일 식탁에서 3~4대가 모여 식사를 나누고, 후식을 나누며 토라에 대해 질문하고 대화하며 공부했어요. 그 후엔 일상 토론이 이어져요. 예를 들어, 자녀가 학교에서 있었던 문제에 대해 말하면 엄마 아빠, 형제들이 돌아가며 자기 입장에서 그 문제를 어떻게 생각하는지 이야기하고 해결 방안도 말해 줘요. 이렇게 온 가족이 한 가지 문제를 놓고 집중적으로 질문하고 토론하고 대화하기 때문에 그 자리에서 바로 코칭이 되고, 멘토링, 튜터링, 컨설팅, 카운슬링까지 이뤄져요.[16] 이 안식일 밥상머리 예배는 일주일 중 온 가족이 기다리는 가장 행복한 시간이었어요. 식사와 인성교육, 성경 공부와 예배가 한꺼번에 이뤄지는 자녀 양육의 산실이었요.

유대인에게 부모는 자신의 마음을 알아주는 사람이랍니다. 그래서 유대인 자녀는 부모를 존경해요.[17] 이런 부모가 있는 가정에서 인물이 키워지고, 인격이 다듬어지고, 신앙이 전수되며, 세상을 보는 지혜가 계발되고, 자녀의 미래가 구상될 수 있는 거예요. 이 모든 것을 가능

---

16) 전성수, 이익열, 교회 하브루타, 44-5
17) Ibid., 45.

케 한 것이 바로 오늘의 말씀인 쉐마예요.

## 수직 선교를 무시한 결과

개신교는 지난 2천 년 동안 예수님의 유언인 지상명령(마 28:19-20), 즉. 땅끝까지 복음을 전하고 제자를 삼으라는 수평 선교에만 목숨걸어 왔어요. 문제는 복음이 전파된 대륙과 지역마다 2-3백년 주기로 교회가 흥황했다가 쇠퇴했고, 그곳에는 이단과 타종교가 득세했어요. 속된 말로 남는 장사를 못한 거에요. 한국교회는 140년 만에 벌써 쇠퇴하고 있구요.

왜 개신교는 죽 쒀서 개 주는 너무나 뻔한 실수를 2천년 동안 똑같이 반복 해왔을까요? 답은 아주 단순해요. 예수님도 인용하셨고, "가장 중요하고 으뜸 가는 계명"(마 22:38)이라고 강조하신 쉐마 말씀을 무시했어요. 구약의 지상 명령인 이 말씀을 깊이 상고하지 않았고, 원어의 의미도 살피지 않았으며, "부모가 자녀에게 가르치라"는 명백한 명령을 자기 편한대로 해석하고, 자녀의 신앙을 주일학교에 위탁해버렸어요. 땅끝인 자녀에게 수직적인 선교를 하지 않은 거예요.

말씀에 순종하지 않은 대가는 어느 날 갑자기 재앙처럼 돌아와요. 지금 우리는 복음이 이 땅에 들어온 이래, 가장 큰 위기에 직면해 있어요. 당장 10년 뒤면 저출산과 노령화로 국가가 반토막 날 위기에요. 정신 똑바로 차려야 해요. 유대인의 흑역사를 교훈 삼아, 우리도 엄청난 대가를 치루기 전에 하나님의 신앙전수 원안original plan인 쉐마를 생명줄처럼 붙들어야 할 때입니다.


◆ 적용 질문

✓ 왜 개신교는 지난 이천 년 동안 2-3백년 주기로 흥망성쇠를 반복해왔을까?

✓ 쉐마 말씀을 나와 우리 가정에 어떻게 적용할지 아내와 나눠보자.

# 교사가 아니라 부모다

## 신앙전수

**오늘의 말씀**

네 자녀에게 부지런히 가르치며 집에 앉았을 때에든지 길을 갈 때에든지 누워 있을 때에든지 일어날 때에든지… (신 6:7 상반절, 개역개정)

교회 쇼핑족을 아시나요? 마치 가성비 좋은 상품을 구입하기 위해 쇼핑몰을 여기저기 찾아다니듯, 자신의 입맛에 맞는 예수, 설교, 주일학교 시스템을 찾아 교회를 쇼핑하는 성도를 말해요.

좋은 주일학교도 필요해요. 하지만 주일학교가 그렇게 열심을 내고 재정을 투자하는데도 다음 세대가 선교지화된 것은 무엇을 의미할까요? 주일학교만으론 신앙전수가 해결 안 된다는 결론이 이미 난 거예요. 헛다리 짚으면 안 됩니다. 지금 우리는 곁길로 빠져도 한참 빠져 있어요. 원줄기인 쉐마 말씀으로 속히 방향을 틀어야 해요.

오늘의 묵상 구절은 쉐마에 있는 신앙전수 방법론이에요. 저는 이 한 구절에서 신앙전수의 패러다임 시프트가 일어났어요. 4가지 요소 중 오늘은 두 가지만 나눌게요.

먼저, 하나님은 부모가 자녀에게 직접 말씀을 가르치라고 명령하셨어요.

"네 자녀에게 부지런히 가르치라"

신앙 전수의 일차적 주체는 주일학교가 아니라 가정이고, 교사가 아니라 부모라는 거예요. 유대 부모들은 이 명령에 순종해서 수천 년 동안 가정에서 자녀에게 신앙을 전수해 왔어요. 이들의 가장 큰 의무는 토라를 연구하고 후손에게 전승하는 것입니다.

당시 일반 백성이 전승을 이해하고 배울 수 있다는 개념은 그야말로 혁명적인 일이었어요. 왜냐하면 일반 종교에서 전승은 오직 제사장에게만 알려진 비밀이기 때문이에요.[18] 하나님은 이 특권을 모세와 지도층에 주지 않

18) 로버트 웨버, 예배학, 김지찬 역 (생명의말씀사, 1988), 30.

고, 모든 평범한 가장에게 부여하셨고, 그들이 말씀을 배워서 자녀에게 가르치도록 하셨어요.

둘째, 시간과 장소를 초월해서 가르치라 하셨어요.

"집에 앉았을 때에든지 길을 갈 때에든지 누워 있을 때에든지 일어날 때에든지"

이 구절은 자녀와 함께 하는 모든 일상이 신앙전수의 기회임을 말해줘요. 이 구절은 가정예배가 두 트랙이 있음을 암시해요. 즉 가족이 함께 모이는 예배 외에도, 자녀와의 일상에서 나누는 대화도 대화식 예배의 또 다른 현장이에요.

아래 각각의 구절이 우리 일상 가운데 언제인지 적어보세요.

집에 앉았을 때 _____

이동할 때 _____

일어날 때 _____

누워있을 때 _____

이때 부모가 사용하는 말투는 거룩하고 정제된 의식용어가 아니라, 모든 가식과 가면을 벗은 일상언어와 진솔한 대화이겠지요?


◆ 적용 질문

✓ 하나님은 왜 목사나 교사같이 훈련된 사역자가 아닌 평범한 부모에게 자녀를 말씀으로 가르치는 일을 맡기셨는가?

✓ 가정예배가 삶의 예배라면 가정예배 드릴 때 우리의 예배언어는 어떻게 바뀌어야 하겠는가?

# 베드타임 스토리 효과

유대인 교육법 중 자녀가 잠들기 전에 동화책을 읽어주는 '베드타임 스토리'가 있어요. 이 시간은 부모와 아이가 정서적 교감을 통해 긍정적인 애착 관계를 형성할 수 있는 골든타임 이죠. 아빠가 해주는 것이 가장 효과적이라는 전문가의 조언 도 있어요.

저도 두 자녀를 키울 때, 잠자기 전 침대맡에서 책을 읽어주 곤 했어요. 때론 즉석에서 만든 이야기를 들려주기도 했고요. 아이들은 동화책보다 아빠의 즉석 이야기를 더 재미있어 했어 요. 왜냐하면 그 이야기 속에는 자기들도 등장하기 때문이에요.

예를 들어 아들 이름이 예훈이니, 선한 주인공은 요훈, 나쁜 주인공은 야훈이에요. 보통 그날 있었던 에피소드로 서두를 시작해요. 야훈이는 거짓말하고, 괴롭히고, 약올리는 행동을 하지만 요훈이는 그때 마다 선하고, 지혜롭고, 용기 있는 행동으로 대처해서, 결국 야훈이를 이기는 스토리로 전개 하지요. 때로는 신앙으로 용서 해주기도 해요.

극적인 재미를 위해 상상의 나래를 마음껏 펴서, 때론 드라마틱하게 하늘을 날고, 우주도 탐험하고, 과거와 미래를 오가기도 해요. 그 효과는 컸어요. 아이들에게 선과 악을 분별하는 기준, 삶의 지혜, 그리고 무엇보다 창의적인 능력을 개발시켜 준 것 같아요. 두 아이 모두 아티스트가 되어서 현재 브로드웨이에서 뮤지컬 배우로 활동하고 있어요. 60이 넘은 지금도, 아이들과 함께 게임도 하고, 친밀한 관계를 유지하고 있는 것은 어릴 때 나눈 베드타임 스토리 덕분인 것 같아요.

당시 대화식 가정예배를 알았다면, 말씀을 더 재미있고, 즐겁게 이야기하고, 토론할 수 있었을 거예요. 그 결과 저의 신앙이 자연스레 자녀들에게 전수 되었을 텐데, 뒤늦게 알게 되어서 안타깝기 그지없네요. 아무리 바빠도 베드타임 스토리 하나만 매일 15분씩 10년 동안 해보세요.


◆ 실천

실제로 너무 바빠서 아이들과 시간 보내기도 어려운 아빠가 베드타임 스토리 만으로 자녀들과 놀랄 만큼 친밀해진 사례가 있다. 옥명호 저《아빠가 책을 읽어줄 때 생기는 일들》을 강추한다.

# 1주 차 토론

모임은 주일 오후나 저녁에 대화에 집중할 수 있는 거실이나 조용한 커피숍, 또는 교회 공간에서 진행한다.

먼저 기도한 후, 아래 질문에 대해 자유롭게 토론한다.

1. 가정예배에 대한 내 기억은 긍정적인가 부정적인가?

2. 유대인이 각계각층에 두각을 나타낸 이유가 안식일 만찬 가정예배와 어떤 연관이 있다고 생각하는가?

3. 왜 개신교는 구약의 지상명령인 쉐마를 무시하고 수직선교를 하지 않았을까?

4. 자녀의 신앙교육을 부모가 직접 하라는 쉐마 계명에 대한 나의 반응은?

혹시 한 주 동안 묵상하며 메모했던 내용, 적용 질문에
답한 내용 중에 나눌 부분이 있는가?

마지막으로 기도하고 마친다.

**2주**

---

# 대화식 예배의 기둥 올리기

"어쩌면, 우리는 지난 2천 년 동안
결정적인 무언가를 잃어버렸다."[19]

- 로버트 뱅커스

---

19) 로버트 뱅크스, 1세기 교회 예배 이야기, 신현기 역 (IVP, 2017), 11.

# 2주 차의 의도

2주 차는 대화식 가정예배의 기둥에 해당한다. 기둥이 튼튼해야 가정의 성소가 바로 세워진다. 키워드는 '다바르', '하브루타', '하나님의 질문', '안식', '보혜사', '사중구조'다. 대화식 예배의 가치이자 방법론인 하브루타, 그리고 가정예배의 안전장치인 안식과 예배학적 기반인 사중구조 예배를 다룬다.

하브루타는 신비로운 대화법이다. 질문 대화? 양방향 질문? 관계 중심의 질문 대화? 등 아무리 머리 굴려도 한글 번역이 마땅치 않은 단어다. 분명한 것은 하브루타가 소통과 대화, 가정예배와 삶의 예배, 교육철학과 가정예배 방법론의 게임체인저라는 점이다.

김빠지는 이야기부터 한다. 하브루타 강의를 듣고 가슴에 불이 붙었을 때, '그럼 이제 어떻게 하는가?'라는 질문에 대한 답은, 하브루타를 확산시킨 전성수 교수가 미소 지으며 한 말처럼, "그런 것은 본인이 알아서 하는 것입니다"[20]이었다. 하브루타의 어마어마한 가치를 알고 자신이 처한 환경과 분야에서 끊임없이 질문하고 문제를 돌파하는 일은 각자의 몫이란 얘기다.

---

20) 하브루타선교회, 실전! 교회 하브루타 (두란노, 2019), 38.

# 하브루타가 게임 체인저다

다바르

**오늘의 말씀**

네 자녀에게 부지런히 가르치며… 이 말씀을 강론하라. (신 6:7)

설교나 세미나 차 교회를 방문할 때마다, 이미 오래전부터 대화식으로 예배드려온 가정을 자주 만났어요. 너무 반가웠죠. 이들의 반응은 한결같았어요.

"오랫동안 자녀들과 대화식으로 예배드려 왔는데, 이게 성경적으로 맞다는 것을 알게 해줘서 너무 감사합니다."

이런 가정의 자녀들에게 보이는 공통점이 있어요. 유소년 자녀들은 물론 사춘기 자녀까지 부모와의 관계가 매우 친밀하다는 점이에요. 서로를 깊이 신뢰하고 있고,

부모나 타인을 바라보는 눈빛부터 달라요.

대화를 해보면 자존감이 높고, 사물과 사람에 대한 호기심이 많아요. 친화적이면서도 자기 주도적이고, 자신의 의견을 말하는 데 주저하지 않아요. 이런 가정들을 접할 때마다 대화식 예배가 가정 회복의 대안이라는 확신이 점점 깊어지네요. 그런 의미에서 오늘의 말씀은 가정 예배에 관한 우리의 상식을 그 전과 그 이후로 나눌만큼 중요한 구절이에요. 하나님은 자녀에게 말씀을 가르칠 때 "강론하라"고 명하셨어요. 바로 이 '강론'이 신앙전수의 게임 체인저입니다.

집회 때마다 성도들에게 '강론'하면 떠오르는 이미지를 묻습니다. 대부분 일방적이고, 딱딱하고, 권위적이고, 설교 같다고 대답하세요. 저도 그렇게 알고 수십 년 신앙생활 해왔어요. 그동안 이 단어를 우리가 완전히 잘못 이해하고 있었던 거예요.

### 다바르

강론의 히브리어 다바르의 뜻은 '이야기하다', '대화하다', '친하게 사귀다'입니다. 전혀 다른 뜻이죠? 자녀에게 말씀을 가르칠 때, 일방적이고 훈계하듯 하지 말고, 친밀한 관계 속에서 대화하며, 이야기식으로 나누라는 거예요.

놀랍지 않나요? 인구정책 연구원이 언급한 부모와 자녀의 친밀함은, 수천 년 전에 하나님께서 가나안 땅을 눈앞에 둔 여호수아 세대에게 신앙 헌장으로 주신 내용에 이미 언급되어 있었어요. 가정을 창조하신 하나님이시니, 가족이 대화의 천국이 되는 비결을 알려주신 거에요.

이 독특한 단어에서 하나님은 자녀를 가르치는 두 가지 중요한 원리를 보여주셨어요. 친밀한 사귐과 대화예요. 유대인은 이 두 가지 방식이 가능한 대화법을 연구하기 시작했고, 질문 중심의 대화법인 하브루타를 만들어냈어요. 다바르에서 하브루타가 나왔으니, 이 대화법이야말로 가정 회복을 위한 진정한 게임 체인저인 샘이에요.

하브루타는 동료와 둘씩 짝을 이루어 친밀한 관계 속에서 질문, 대화, 토론. 논쟁하는 독특한 학습법으로 발전되었어요. 하브루타 짝이 되면 깊은 신뢰 관계가 형성되어요. 그래서 단지 지식을 습득하는 것을 넘어, 대면 능력, 공감 능력, 관계 능력까지 좋아지게 하는[21] 놀라운 특성이 있어요.

단순히 대화만으로도 이런 열매들이 생기는 이유가 무엇일까요? 왜 하나님은 자녀에게 성경을 일방적이고 주입식으로 가르치기보다, 질문과 대화로 양방향 토론을 하라고 하셨을까요? 하브루타에는 설명하기 힘든 신적 친밀함과 힘이 있어요. 분명한 것은 부모와 자녀가 말씀에 대해 친밀한 관계 속에서 질문하고 대화하는 것은 창조주 하나님의 엄중한 의지가 담긴 명령이라는 점이에요.

### 샤난

또 하나의 중요한 용어가 "부지런히 가르치라"는 단어에요. 이 단어의 히브리 원어 샤난은 찌르다, 날카롭게 하다, 꿰뚫다, 반복하다, 마음속에 뿌리 박게 하다라는

---

21) 하브루타선교회, 실전! 교회 하브루타, 33.

뜻이에요, 반복해서 마음에 뿌리내리도록 가르치라는 것이죠.

자녀의 마음에 말씀이 뿌리내리게 하고, 그 의미를 반복해서 날카롭게 꿰뚫어 알게 하기 위해서는 좀 더 넉넉한 시간과 집중하는 나눔이 필요해요. 그래서 일주일에 한 번, 누구에게도 방해받지 않고, 바쁜 일상과 구별된 시간, 미디어에서 단절된 가족 공간을 확보하는 것이 관건이에요. 함께 식사하고, 말씀과 삶을 깊이 나누는 시간은 대화식 가정예배의 또 다른 한 트랙이에요.

## 유대인 가정이 친밀한 이유

유대인은 질문 중심의 친밀한 대화의 가치를 알고 수천 년 동안 하브루타를 지켜왔어요. 그 결과 나라를 빼앗기고, 떠돌아다니면서도 자녀에게 유대인의 정체성과 신앙을 전수해 왔지요. 그래서 그들의 인생관은 철저하게 가족 중심이고, 그 친밀함은 우리의 상상을 뛰어넘습니다.

단적인 예로, 유대인 자녀들의 인생관은 매우 독특해

요. 사춘기 소녀들은 나라를 잃고 떠돌이 생활하는 부모들이 믿는 이상한 신을 자신들도 믿겠다고 하고, 부모처럼 산아제한 없이 5명이든 10명이든 자녀를 낳겠다고 하죠. 졸업 후 빨리 가정을 이뤄서 자녀를 낳고, 잘 양육해서 세상에 유익을 주는 성인으로 자라게 하는 것이 꿈이라고 고백해요. 즉 이들에게 자녀 양육은 피곤한 일도, 짐 같은 시간도 아니에요. 왜냐하면 자신이 경험한 가정은 행복하고, 가치 있고, 인생을 걸 만큼 의미 있는 시간이었기 때문이에요.

한국의 다음 세대는 결혼도, 자녀 낳는 것도 싫고, 차라리 말 잘 듣는 고양이와 강아지를 키우겠다고 하는데 말이죠. 무엇이 이런 엄청난 차이를 가져왔을까요? 부모가 자녀에게 하나님을 믿는 가정이 얼마나 친밀한 곳이며, 대화의 천국이 될 수 있다는 것을 보여주지 못했기 때문 아닐까요?

## ◆ 적용 질문

✓ 우리 가족을 하나님 안에서 친밀한 관계로 묶어줄 탁월한 대화법이 무엇인가?

✓ 왜 일주일에 한번은 누구에게도 방해받지 않는 가족과만의 시간을 확보하고 말씀을 토론하는 시간이 필요한가?

✓ 내 자녀에게 계승해주고 싶은 신앙적 가정, 아빠와 엄마의 신앙은 무엇인가?

# 밥상머리부터 살리자

　우리는 성경과 예배의 전례를 통해서, 먹고 마시는 것이 예배와 별개가 아닌, 상당히 직결된 행위라는 것을 알 수 있어요.[22] 그런데 이 식탁이 가장 친밀하게 반복되는 공간이 바로 가정의 밥상머리예요. 가족을 의미하는 식구는 한자로 '먹을 식 食'과 '입 구 口'예요. 밥을 함께 먹는 관계를 의미해요. 얼마나 정이 있고, 가슴 따스한 말인가요? 가족이 함께 모일 수 있는 가장 효과적인 장소는 식탁이에요.

　인간의 문화 가운데 가족과 식탁에 둘러앉아 함께 먹고 마시

---

22) 이유정, 대화식 가정예배(재판) (좋은나라, 2024), 54-55 참고.

는 행위만큼 따스하고, 친밀하며, 성스럽고, 인격적인 것이 또 있을까요? 이 밥상머리는 단순히 배고픔을 해결하는 것 이상의 가치가 있는 자리예요. 우리 선조들은 이 밥상에서 예의와 예절, 인내, 경청, 배려, 소통을 배웠어요. 밥상은 단순히 식사한 끼 먹는 것을 넘어 전인교육과 인성교육의 장이었지요.[23]

이렇게 소중한 밥상머리가 오늘날 무너지고 있어요. 1인 가구가 1천 만 명에 육박하고 있고요. 그나마 자녀가 있는 가족도 1주일에 한 번 만나기도 쉽지 않은 실정이에요. 국가의 시작인 가정이 친밀함과 행복을 누리지 못하니 국가도 존폐위기에 빠지고 만 거예요.

오랫동안 밥상머리를 연구해 온 이대희 교수는 국가 개조 차원에서 적어도 일주일의 하루는 '가족의 날', 또는 저녁 시간만이라도 '가정의 몫'으로 돌려줘야 한다는 화두를 던졌어요.[24] 온 교회와 나라가 달려들어 가정과 밥상머리를 살려야 해요.

가정의 식탁 문화 회복으로 국가 개조를 운운하는데, 하물며

---

23) 이대희, 유대인의 밥상머리 자녀교육법 (베이직북스, 2016)
24) 이대희는 《유대인의 밥상머리 자녀교육법》에서 정부가 가족의 날을 정해 국가개조 운동을 벌여야 할 만큼 밥상머리가 중요함을 주장했다.

밥상머리가 하나님이 임재하는 예배의 자리가 된다면 이 나라에 부흥이 일어나지 않을까요? 대한민국의 영적 회복을 위해, 적어도 일주일에 하루는 가족과 함께하는 '주의 날', 아니면 저녁 시간만이라도 '하나님의 몫'으로 돌려드려야 하지 않을까요? 한국교회가 결단하고 나아간다면 다음 세대의 회복은 물론, 한국 사회에도 놀라운 회복이 시작될 것입니다.

◆ 질문

한국교회 전체가 일주일에 하루 저녁을 가족과 함께 하나님께 드리기로 결단한다면 어떤 일이 벌어질 것이라고 생각하는가?

# 관계 중심의 탁월한 대화법

## 하브루타

**오늘의 말씀**

우리가 다 하나님의 아들을 믿는 것과 아는 일에 하나가 되어 온전한 사람을 이루어 그리스도의 장성한 분량이 충만한 데까지 이르리니.
(엡 4:13)

한번은 교보문고에서 하브루타 관련 서적을 찾아보니 이백 여권도 넘더군요. 그중에 부모, 특히 어머니를 위한 하브루타 서적이 압도적으로 많아요. 대부분이 하브루타의 교육학적 탁월함에 치중하는 경향이 있어요. '세계 최고의 교육방법론', '한국 교육의 근본부터 바꿀 수 있는 혁명적인 교육법'과 같은 찬사가 끊이지 않았어요.

### 최고의 교육 방법론?

한국 교육계에 하브루타 바람이 분 지 꽤 오래되었어

요. 세계 최고의 교육방법론으로써, 질문하고 토론하는 소통방식이 뇌를 격동시켜서 최고의 뇌로 만들어주기 때문이에요.[25] 이것이 유태인이 수많은 노벨상 수상과 정치, 경제, 학문, 예술, 대중음악, 영화 등 각계각층에 두각[26]을 나타나게 하는 원동력이에요.

한국의 하브루타 열풍은 건강한 모습도 있는 반면, 상대방을 논리적으로 이기기 위한 경쟁의 도구로 삼거나, 세계적인 인재를 만들기 위한 최고의 학습법으로 강조되는 경향이 있어요. 탁월한 두뇌를 갈고닦아 성공하기 위한 탐욕의 도구로 오용되지 않도록 조심해야 해요.

### 관계 중심의 탁월한 대화법

제가 깨달은 하브루타의 본질은 조금 달라요. 기술이면서 세계관이자 영성이고, 방법론이면서 가치이자 문화예요. 지구상에 그 어떤 대화법도 하브루타처럼 깊고, 크

---

25) 전성수, 자녀교육 혁명 하브루타, 156.
26) 스티븐 스필버그, 조지 소로스, 다니엘 레드클리프, 스티브 잡스, 빌 게이츠 스티븐 스필버그, 마크 주커버그, 데이비드 베컴, 하워드 슐츠, 록 펠러, 엘빈 토플러, 토마스 에디슨, 알버트 아인슈타인, 지그문트 프로이드, 앨런 그린스펀, 헨리 키신저, 우디 앨런, 더스틴 호프먼, 엘비스 프레슬리, 레너드 번스타인, 해리슨 포드 등 이름만 들어도 전 세계에 영향을 미치고 있는 인물들이다. 특히 밥 딜런, 사이먼 & 가펑클은 내게 깊은 영향을 준 가수들이다.

고, 넓은 정의를 가진 용어는 없을 거예요.

무엇보다 하브루타는 가정에 주어진 소통법이었어요. 그래서 부모와 자녀가 논쟁으로 상대를 이기는 것이 아니라, 서로의 마음을 읽고, 이해하고, 공감하며 친밀한 관계로 상생하는 데 그 목적이 있어요. 무엇보다 말씀을 토론하며 하나님의 실존을 대면하는 것이 하브루타의 진정한 본질이에요. 이렇게 성품과 인성, 그리고 영성이 따르지 않는 하브루타는 진정한 의미에서 하브루타가 아니에요.

유대인의 도서관은 아주 시끄럽답니다. 2명이 짝을 지어 서로 질문하고 토론하느라 정신이 없어요. 두 명은 가장 친밀한 관계 속에서 서로의 마음과 생각을 나눌 수 있는 최소 단위예요. 가족이라면 금상첨화겠죠. 그래서 하브루타 대화법에는 서열이나 경쟁이 있을 수 없어요. 나이를 초월해서 친구처럼 소통하며 토론의 즐거움을 누려요.

생각해 보세요. 엄마와 아이가 대화하면서 자아도 회복되고, 상대를 존중하는 인성도 개발되며, 지혜를 탐구하는 기쁨까지 동시에 누릴 수 있는 대화라니… 그 과정에서 대화 상대와 놀라울 정도의 친밀한 관계가 형성되고, 게다가 말씀이 가슴에 새겨져 영이 살아나고, 그 말씀을 실천할 수 있게 하다니, 참으로 놀라운 대화법 아닌가요?

## 하브루타로 가정예배를 드린다면

이런 대화 문화로 가정예배를 드린다면 어떤 일이 일어날까요? 본문에 대해 꼬리에 꼬리를 무는 질문을 주고받으며 행간에 숨어있는 말씀의 본질에 도달하게 돼요. 때론 깊은 지혜의 샘에 도달하게 되고요. 열띤 토론을 통해 상대를 배려하면서도 자신의 의견을 논리적이고 통합적으로 펼치게 돼요. 때론 치열한 논쟁으로 난해한 성경 구절을 해부하고, 그 속에 숨어있는 하나님의 온전하신 뜻을 발견하게 돼요. 때론 주고받는 대화 속에 상대의 내면 깊이 숨어 있던 진심을 공감하고 가족은 깊은 친밀함에 휩싸이게 돼요. 이렇게 가족과 함께 토론했던 말씀은 서로의 가슴에 새겨지고 인생의 자양분이 되는 거예요. 그런 면에서 하브루타는 지식과 지혜, 사고, 관계, 영성의 연금술이에요.

  하나님께서 성도의 가족에게 주신 이토록 탁월한 대화
문화를 교회가 터부시하고 있을 때, 세상 교육계에서는
열광하는 아이러니한 현실이 너무나 안타까울 따름이에
요.

  이 땅에 하브루타가 들어온 지 벌써 20년이 흘렀어요.
언제까지 우리는 하브루타를 땅에 묻어두고 외면해야 할
까요? 하나님께서 가정에 주신 이 놀라운 선물이자 특권
을, 마치 한 달란트 받은 종처럼 땅에 묻어둔다면 한국교
회는 주인으로부터 "악하고 게으른 종, 쓸모없는 종"(마
25:26,30)이란 오명을 쓰고 말 거예요. 나아가 "바깥 어
두운 데로 내쫓아라. 거기서 슬피 울며 이를 가는 일"(마
25:30)이 일어날 수 있어요.

  이제 교회는 더 이상 하브루타를 외면해서는 안 돼요.
이제 때가 되었어요. 하브루타의 근본이 하나님의 말씀
에서 비롯되었다는 점, 그 출발점은 학교가 아닌 가정이
었고, 유대인의 유산이 아니라 하나님의 자녀에게 주신
명령이라는 점, 그리고 최고의 교육방법론 이전에 부모

가 자녀에게 말씀을 가르치는 가장 강력한 신앙전수 방법론이라는 것을 인정하고, 전 교회적으로 확산시켜야 할 때입니다.


◆ 지침

4주간의 워크샵이 끝날 때까지는 하브루타 관련 책을 읽지 않는 것이 도움이 될 거예요. 현재 시중에 나온 하브루타 서적들은 작가마다 다양한 관점에서 하브루타에 접근하고 있어요. 그래서 방법론도 가지각색이구요. 무엇보다 성경적인 관점에서 중심을 잡아주는 책을 찾는 것이 관건이에요. 게다가 가정예배의 관점에서 다룬 책은 찾기 어려워요. 이번 4주 동안은 성경이 말하는 하브루타에 온전히 귀를 기울여 보세요.


◆ 적용 질문

✓ 내가 아는 하브루타에 대해 이야기 해보자.

✓왜 하브루타는 가장 탁월한 대화법인가?

✓그동안 교회는, 하브루타가 가정에서 자녀에게 말씀을 가르치는 가장 강력한 신앙전수 대화법이라는 것을 왜 인정하지 않았다고 생각하는가?

# 13살 성인식의 비밀

유대인의 가정예배는 뚜렷한 목표가 있어요. 자녀가 말하기 시작해서 10년 안에 신앙 전수를 끝내는 거예요. 이들의 자녀 양육 목표가 독특해요. 한국 부모는 자녀를 성공한 사람으로 만들기 위해 혈안인데, 유대인은 온전하고 독립적인 인격체로 성장시키는 거예요.[27] 너무 교과서 같죠?

그런데 목표가 아주 구체적이에요. 12세(소년은 13세)에 치르는 성인식을 목표로 부모는 모든 힘을 집중해요. 그때까지 부모는 자녀가 성인이 되는데 필요한 덕목들인 하나님을 경외

---

27) 홍익희, 조은혜, 13세에 완성되는 유대인 자녀교육 (한스미디어, 2016), 머리말

하고, 인간을 사랑하는 것부터 사회성, 배움의 가치, 노동의 가치, 배려와 공감 능력까지 부지런히 가르쳐요.[28]

유대인에게 자녀란 하나님이 잠시 맡긴 귀한 선물이에요. 부모는 이 성인식 때 자녀를 신앙적, 사회적, 인격적으로 성숙한 유대인으로 만들어 하나님께 돌려주어야 해요.[29] 이들의 성인식은 통과의례가 아니에요. 신앙 전수가 완수된 것을 감사하며, 신앙에 대해 부모에게서 독립하며, 율법의 가르침에 책임질 줄 아는 성인으로 유대공동체가 받아주는 공적 의식이에요. 그래서 이들은 성인식을 결혼식만큼 중요하게 여겨요.

성인식 때 부모가 선언하는 낭독문에 충격을 받았어요.

"이 아이에 대한 신앙적 책임을 면케 해주신 하나님을 찬송합니다!"

선언으로 끝나지 않고, 실제로 부모는 더 이상 자녀의 신앙에 관여하지 않아요. 자녀의 종교적 잘못에 대한 연대책임도 지지 않고요. 대신 유대 커뮤니티가 이 아이를 어엿한 성인으

---

28) Ibids.
29) Ibids.

로 인정하고 이끌어줘요.

성인식을 치르는 아이가 반드시 통과해야 할 관문이 하나 있어요. 랍비의 도움을 받아 토라의 구절을 1년 동안 연구해서 설교하는 것이에요. 이 설교를 통해 아이는 자신이 태어난 이유와 정체성, 삶의 목표를 말씀 안에서 풀어내야 해요. 이제 초등부 6학년, 또는 중등부 1학년 학생이 말씀을 연구해서 회중 앞에서 자신의 신앙고백을 담은 설교를 한다? 부모에게 반항하고 불순종할 사춘기 나이에 인생의 목적과 정체성을 확립하고, 자기 주도적인 신앙생활을 한다는 것은 놀라운 일이죠.

정통파 유대인에게는 특출한 상위 몇 퍼센트에서 일어나는 일이 아니라, 평범한 사춘기 아이들에게 일어나는 루틴이랍니다. 그래서인지 이들은 중2병이나 사춘기를 가볍게 지난다고 해요. 이것을 가능케 한 것이 바로 10년 동안 드린 안식일 만찬 하브루타 가정예배에요.

처음 이 사실을 알고 충격을 받았어요. 대화식 가정예배를 통해 자녀가 이 정도로 성숙해질 수 있다는 것이 믿기지 않았어요. 딱딱한 가정예배를 몇 번 시도하다가 서로 마음 상하고 포기한 목사로서 부럽기도 하고, 부끄럽기도 했어요. 우리 세대가 드려온 가정예배는 이런 열매는 상상도 못 하고, 의무감이나 사명감으로 겨우 유지해 온 것은 아닌지 반성하게 됩니다.

성인식을 마친 후부터 부모는 한 발짝 떨어져 자녀와의 관계를 편안하게 즐겨요. 모든 책임은 서로 직접 소통하고 있는 하나님과 자녀에게 있다고 생각하기 때문이에요.[30] 10년만 집중하면 70년이 행복해진다는 경구가 그래서 나온 거예요.

미국 이민 사회의 경우, 자녀가 고등학교를 졸업하고 대학으로 떠날 때, 비로소 부모는 자녀 양육의 무거운 짐에서 해방돼요. 종종 부모가 대학 교육비를 지원하느라 4년 내내 고생하기도 하죠. 한국은 어떤가요? 고등학교와 대학 졸업까지 뒷바라지하고, 취직하고, 결혼해서 아이를 낳으면 손자 손녀를 돌봐주기까지 양육의 짐이 계속되기도 해요.

어떤 상황이든, 중학교 1학년 시기에 자녀 양육의 짐을 덜어낸다는 것은 있을 수도, 상상할 수도 없는 충격적인 일이에요.

---

30) Ibids.

## ◆ 실천

우리 가정의 자녀양육 전략과 목표를 만들어 보자.

## 2주 차 9일 | 수

# 하브루타는 하나님의 DNA

## 하나님의 질문

**오늘의 말씀**

아담아 네가 어디 있느냐? 이르시되 누가 너의 벗었음을 네게 알렸
느냐 내가 네게 먹지 말라 명한 그 나무 열매를 네가 먹었느냐? 여
호와 하나님이 여자에게 이르시되 네가 어찌하여 이렇게 하였느냐?
(창 3:9,11,13)


수년 전, 버지니아를 방문한 비전트립팀을 위해 대화
식 가정예배에 대해 나눈 적이 있었어요. 그때 한 청년이
깊은 관심을 갖고 다가왔어요. 그는 오랜 시간 재야를 돌
며 수많은 사람과 토론, 논쟁을 벌여왔고, 토론 클럽을
운영해 온 아주 똑똑한 청년이었어요.

그런데 자신은 하브루타의 하자도 몰랐는데, 강의를
들으며 자신이 이미 오랜 시간을 하브루타 정신과 원리
대로 질문하고 토론하고 논쟁해 왔다는 것을 깨닫고 놀
라워했어요. 하나님의 형상으로 창조된 인간에게는 이미

하브루타 DNA가 내재해 있다는 확신이 생긴 계기였어요.

이 책을 집필하던 어느 날, 문득 하나님이 명령하신 대화법이니 하나님은 어떻게 대화하셨을까 궁금했어요. 그래서 말씀을 연구해 보니 역시나였습니다. 하나님은 질문 중심의 대화인 하브루타의 시조이셨어요.

아담과 이브가 선악과를 따먹고 벌거벗은 것이 부끄러워 나무 그늘 밑에 숨어 있을 때, 하나님께서 찾아오셨어요. 그때 하신 말씀은 꾸중이나 정죄가 아니라 질문이었어요.

"아담아 네가 어디 있느냐?" (창 3:9)

존재를 묻는 묵직한 질문이었지요. 하나님은 아담이 스스로 자신의 상태를 생각할 시간을 주셨던 것이에요.

하갈이 광야에서 낙심하며 방황하고 있을 때, 하나님이 질문하셨어요.

"사래의 여종 하갈아, 네가 어디서 왔으며, 어디로 가

느냐?" (창 16:8)

자신의 정체성도 까먹고 절망 속에 빠진 하갈에게 하나님은 "바보처럼 왜 그러고 있어. 빨리 다시 돌아가!" 몰아붙이지 않으시고, 스스로 자신의 처지와 존재를 생각할 시간을 주셨습니다.

얍복강에서 천사와 밤새워 씨름하다가 허벅지 뼈가 부러진 야곱에게도 자신의 정체성을 생각할 수 있는 시간을 주시기 위해 물으셨어요.

"네 이름이 무엇이냐?" (창 32:27)

이세벨의 위협 때문에 호렙산 굴로 도망간 엘리야에게는 두려움의 근원을 스스로 깨달을 수 있도록 질문을 던지셨고요.

"엘리야야 네가 어찌하여 여기 있느냐?" (왕상 19:9)

하나님은 상대방에게 기회를 주고, 주도적으로 깨닫게 하시는 친밀한 질문의 대가이세요. 그런 의미에서 질문 대화법은 하나님의 성품이자 DNA 입니다. 하나님께서 우리에게 던지는 질문의 주제는 주로 존재, 관계, 정체성에 관한 내용이에요. 하나님의 형상으로 창조된 우리도 그분의 성품을 본받아서 자녀에게 이런 유의 질문을 던져야 해요.

## 질문의 대가, 랍비 예수

유대인 가정에서 자란 예수님도 부모인 요셉과 마리아로부터 질문과 토론으로 토라를 전수받았어요. 공생애를 시작하고 제자를 훈련할 때 그는 자신이 경험한 유대 문화와 유대 현자들의 제자 양육 방식을 그대로 따랐구요. 주변 사람들도 예수를 '랍비'로 불렀지요.[31] 그분에게 하브루타는 삶의 일부였어요.

공관복음에는 예수의 논쟁 사례가 15회나 소개됩니다. 짝을 지어 질문, 대화, 토론, 논쟁하는 하브루타에서 논쟁이 가장 수준이 높은 대화법이에요.[32] 그런데 이 논쟁보다 더 탁월한 수준의 대화법이 있어요. 바로 사람을 살리는 질문이에요.

---

31) 로이스 티어베르그, 앤 스팽글러, 랍비 예수, 제자도를 말하다, 36.
32) 전성수, 자녀교육 혁명 하브루타, 177.

예수님을 세 번이나 부인하고 저주한 베드로가 수치심과 허탈감 속에 고향으로 도망가죠. 인생 최대의 좌절과 절망 속에 빠져 있을 때 부활의 예수께서 찾아오셨어요.

"수제자라는 놈이 어떻게 그럴 수 있느냐? 넌 그것밖에 안 되는 놈이냐?!!"

혼내지 않으셨어요. 먼저 제자들의 마음을 공감하시고, 물고기를 배 한가득 잡게 해주시고, 지쳐있는 제자들에게 조반까지 손수 차려 배불리 먹이셨어요. 그 이후 질문 한 마디 하셨구요.

"네가 나를 사랑하느냐?" (요 21:17상)

베드로가 스스로 자신의 마음을 돌아볼 수 있도록, 기다리셨고, 관계를 주도적으로 회복할 기회까지 주셨어요. 예수님은 비난과 정죄대신, 동일한 질문 세 번으로 베드로를 위대한 사도로 다시 세우셨어요.

십자가 위에서 숨을 거두시기 직전 하나님께 던지신 말씀도 질문이었어요.

"어찌하여 나를 버리셨나이까?" (마 27:46)

예수께서 십자가에서 겪으신 고통은 육체적인 아픔과 정신적인 수치 그 이상이었어요. 태초부터 완전체였던 하나님과의 영적인 관계로부터 완전히 단절되고 외면된 고통이었어요. 인류 전체의 죄의 무게와 맞바꿀 거대한 고통이었어요. 이때 던지신 질문은 세상 죄를 지고가는 희생제물이 감내해야 할, 상상을 초월하는 아픔을 포효하는 질문이었어요. 심지어 돌아가신 후에도 자신을 핍박하는 사울에게 나타나셔서 혼내시거나 잘못을 징계하시지 않으셨어요.

"사울아, 사울아, 네가 왜 나를 핍박하느냐?" (행 9:4)

이 질문 하나로 그리스도인을 앞장서서 핍박하고 죽이던 사울이 180도 바뀌어 신약성경의 반 이상을 쓴 위대한 바울로 재탄생했어요.

예수님은 과거를 추궁하는 분이 아니라, 자신의 문제를 스스로 직면해서, 더 나은 단계로 갈 수 있도록 이끌어주시는 질문의 대가이시자, 살리는 대화의 최고봉이세요. 우리도 그분을 본받아 자녀의 의견을 존중하고, 스스로 문제를 직면해서 헤쳐나갈 수 있도록 질문하고, 기다리고, 기회를 줘야 해요. 부모의 가장 중요한 역할은 하나님처럼 질문으로 자녀의 인생에 생명과 영감을 불어넣어 주는 것이에요.

◆ 적용 질문

✓ 내 평소의 질문과 하나님의 질문에 어떤 차이가 있는가?

✓ 하나님과 예수님처럼 존재, 관계, 정체성에 관한 성숙한 질문을 던지기 위해 내가 변화되어야 할 부분은 무엇인가?

# 안식이 가정을 지킨다

안식

**오늘의 말씀**

아담아 네가 어디 있느냐? 이르시되 누가 너의 벗었음을 네게 알렸
느냐 내가 네게 먹지 말라 명한 그 나무 열매를 네가 먹었느냐? 여
호와 하나님이 여자에게 이르시되 네가 어찌하여 이렇게 하였느냐?
(레 23:3 쉬운성경)

　그동안 현장에서 만난 많은 분들이 꼽는 가정예배의
가장 큰 장애물은 온 가족이 함께 모일 시간이 없다는 것
이었어요. 세상은 인터넷과 AI, 스마트폰으로 살기 좋아
졌다지만, 인간은 점점 외소해져가요. 현대사회는 더 바
쁘게 돌아가고, 일상은 더 여유가 없어요. 이렇게 바쁜
일상에서 어떻게 안식을 누릴 수 있을까요?

　이를 위해 두 번째 성경적 기초인 레위기 23장 3절을
살펴보려고 해요. 유대인이 안식일 만찬예배를 수천 년
간 이어올 수 있었던 가장 큰 힘은 바로 안식일 준수였어

요. 바로 여기에 답이 있어요. 우리가 지켜야 할 가정예배는 한 세대만 잘 지키고 사라질 예배가 아니라, 자손 대대로 천대(출 21:6)까지 드릴 수 있는 가정예배이어야 해요. 이를 가능케 하는 가장 든든한 토대가 바로 '안식'이죠.

안타깝게도 현대 교회는 이 '안식'의 가치를 율법의 사문 조항으로 폐기해 버렸어요. 성도들은 안식의 놀라운 복을 누리지 못한 채, 한병철의 책 제목처럼, '피로사회'[33]에 지배당하며 살고 있어요. 하지만, 하룻저녁이라도 아무 방해받지 않고 가족과 함께 하나님의 임재 안에서 즐겁게 대화하고 예배하는 자리는 우리가 싸워서라도 쟁취해야 할 가장 값진 복이에요.

이 가치를 SNS와 드라마, 게임과 공부, 일과 사역으로 대체하는 것은 천국을 지옥과 맞바꾸는 것만큼 어리석은 행위예요. 비록 쉽진 않지만 마음먹고 안식을 지키려고 노력할 때, 오히려 안식이 우리 가정을 지켜줄 거예요.

---

33) 한병철, 피로사회 (문학과지성사, 2017): 현대사회의 성과주의에 대한 철학적 비평서다.

## 안식은 복과 거룩

하나님은 "그가 하시던 모든 일을 그치고"(창 2:2) 7일째는 휴식하셨고 '완전히 쉬어야 할 안식일'(a sabbath of complete rest, NASB)이니 "아무 일도 하지 말라"(레 23:3)고 명하셨어요. 하나님께서 안식일을 "복되게 하시고 거룩하게"(창 2:3) 하신 것은 좀 이례적인 일이에요. 왜냐하면 '날'은 시간의 영역이기 때문이죠. '거룩하게 하다'로 번역된 히브리어 '카다쉬'(성결하다고 선언하다, 구별하여 바치다)가 처음 수식한 것은 공간 속의 어느 대상이 아닌 '시간'(안식일)이었어요.

멈춤은 안식의 첫 관문이에요. 피곤해서 쉬는 것이 아니라 일을 완성한 후의 안식이죠. 인간의 창조로 천지창조가 완성되었기에 인간의 첫날은 쉼이었고, 하나님과의 교제였어요. 그래서 헤셸은 "안식일을 지키는 것은 시간이라는 화폭 위에 신비하고 장엄한 창조의 절정을 그리는 것과 같다. 하나님께서 일곱째 날을 거룩하게 하셨으니 우리도 그래야 한다"[34]고 했어요. 그런데 인간의 탐욕

---

33) 아브라함 헤셸, 안식, 62.
34) Ibid., 42.

은 쉼을 용납하지 않아요. 이것은 하나님의 창조 질서를 역행하는 죄이죠.

헤셸의 언급처럼 우리는 쉬어야 할 시간에도 여전히 눈에 보이는 사물과 일에 집중하고, 내 공간을 획득하는 열정으로 살아갑니다. 하지만 안식의 시간에는 소유가 아니라 존재가, 움켜쥠이 아니라 내줌이, 지배가 아니라 분배가, 정복이 아니라 조화가 목표입니다. 공간을 지배하고 공간의 사물을 획득하는 것이 우리의 유일한 관심사가 될 때, 삶은 망가지고 맙니다.[34]

신약 성도는 주일 하루는 물론 나머지 6일도 안식의 목표를 실현하며 살려고 노력하는 것이 성숙한 삶의 예배자의 모습이겠죠. 일단 가정예배 시간을 확보하기 위해 주중에 하루 저녁을 따로 구별해서 하나님께 드리는 안식의 실천부터 진지하게 결단해야 해요.

## ◆ 적용 질문

✓ 아브라함 혜셸이 언급한 '안식의 시간의 목표"를 8가지 영역으로 도표화했다. 세상의 목표와 안식의 목표에 해당하는 각각의 영역에 적용할 내용을 적어보자.

| 공간 | 세상의 목표 | 시간 | 안식의 목표 |
|---|---|---|---|
| 소유 | 예) 돈, 물건 | 존재 | 예) 교제, 예배, 쉼 |
| 움켜쥠 | 예) 쇼핑, 계약 | 내줌 | 예) 기부, 헌금 |
| 지배 | 예) 기획, 투자 | 분배 | 예) 가난한 자 돕기 선행 |
| 정복 | 예) 억압, 투쟁, 싸움 | 조화 | 예) 화평, 용서, 중재 |

✓ 하나님께서 복되게 하신 안식을 지키기 위해, 아내와 함께 주중 하루를 어떻게 구별할지, 무엇을 지킬지, 가정예배와 연계해서 우리 가정만의 영적 루틴을 어떻게 만들지 토론해 보라.

## 대가 이야기

# 거룩한 순간을 매주 가족과 함께?

《안식》의 저자 아브라함 헤셸은 서구에 안식의 영성을 부흥케 한 학자일 뿐 아니라, 매주 온 가족과 함께 깊은 안식을 누리는 실천가였어요. 그의 딸 수재너 헤셸이 쓴 이 책의 서문에서 아버지와 함께 보낸 안식일의 단면[36]을 일견할 수 있어요.

매주 금요일 저녁이 되면, 그녀의 아버지는 키두시[37] 잔을 든 채로 눈을 지그시 감고 기도문을 읊으면서 포도주를 축성합니다. 그럴 때면 수재너는 "감동의 물결이 밀려오는 것을 느

---

36) 아브라함 헤셸, 안식, 김순현 역 (복있는사람, 2007) 23-31.
37) 역자 주, 포도주 잔을 놓고 축복과 기도를 암송하며 안식일을 시작하는 간단한 의식

껐다"고 했어요. 아버지는 가족이 다 아는 오래된 성가를 부르면서 안식일을 축복합니다. 수재너는 "아버지가 나를 포함해서 식탁에 둘러앉은 모든 이의 삶을 축복하고 계심을 느낄 수 있었다. 나는 그 순간을 결코 잊지 못한다"고 회상했어요.

대부분의 신앙심 깊은 유대인 가정처럼, 수재너의 집도 금요일 저녁은 한 주간의 정점이었답니다. 수십 년이 지나도, 그날에 대한 그녀의 기억은 너무나 선명했어요.

"안식일을 위해 어머니와 함께 촛불을 밝히노라면 나의 마음은 물론이고 몸도 갑자기 변화되는 것이 느껴졌다. 주방에 촛불을 밝히고 나서 우리는 서쪽을 향해 있는 거실로 가곤 했다. 거실의 창은 모두 허드슨강을 내려다보고 있었다. 우리는 빠르게 진행되는 해넘이를 바라보며 감탄하고는 했다."[38]

우리 개신교도는 하나님의 임재의 순간, 그 거룩한 체험을 대부분 가정이 아닌 교회 또는 개인적으로 경험해요. 하지만 유대인은 이 경험을 매주 안식일 만찬을 통해 가족과 함께 누

---

38) Ibid., 23-24

린답니다. 무엇보다 이들에게 일주일의 정점은 회당예배가 아닌, 가정예배 현장이라는 점이 문화 충격으로 다가왔어요.

헤셸은 종종 성스러운 날을 준비하는 것은 그날 자체만큼이나 중요하다고 가족에게 말하곤 했어요. 매주 금요일 아침이 되면 수재너의 어머니는 신선한 식료품을 사 오세요. 오후가 되어 음식을 요리할 즈음부터 차츰 안식일 분위기가 달아오르고요. 아버지도 해넘이가 시작되기 한 두 시간 전에 사무실에서 귀가하여 손수 준비할 것들을 챙긴답니다.

수재너 가족의 저녁 식사 분위기는 대체로 조용하고 느릿하고 느슨한 편이었답니다. 어머니는 열성적인 요리사는 아니라서 음식이 맛깔스럽지는 못했답니다. 그러나 아버지는 식사 시작 전에 항상 딸을 바라보며 말했어요.

"엄마는 훌륭한 요리사란다."

헤셸 부부는 두 달에 한 번은 친구나 동료 몇 사람을 안식일 만찬에 초대하곤 했어요. 초대받은 손님들은 거의 유럽에서 망명한 학자들이었고, 식탁에서 오가는 대화 주제는 늘 유럽에 관한 내용이었어요. 수재너는 당시를 이렇게 회상했어요.

"겨울철 몇 달 동안 우리의 금요일 밤은 만찬이 끝난 뒤에도 오래 이어졌다. 부모님이 식탁에 앉아서 차를 마시고 책을 읽으셨기 때문이다. 봄철 몇 달 동안은 긴 안식일 오후가 그날의 평온하고 조용한 중심이 되었다."[39]

수재너가 경험한 안식일 만찬은 풍성한 대화와 교제, 유대 민족의 역사와 문헌, 그리고 집안, 친지들에 관한 대화를 나누는 것이었어요. 이같은 안식일 경험을 통해 그녀는 부모의 신앙과 영적 습관, 전례들을 자연스레 전수받을 수 있었어요. 결국 그녀는 랍비이자 학자인 아버지로부터 깊은 영향을 받아 자신도 학자의 길을 선택했어요.

서구 개신교 역사가 교회 중심의 신앙을 추구하면서, 상대적으로 가족의 가치와 역할을 지나치게 축소시킨 것은 아닌지 반성하게 됩니다. 유대주의를 따라서는 안 되지만, 그들이 지키고자 씨름해 온 쉐마와 안식의 실천에 대해 진지하게 숙고할 필요가 있어요.

---

39) Ibid., 24-29

# 최고의 카운셀러가 곁에 계신다

## 보혜사

**오늘의 말씀**

참되게 예배를 드리는 사람들이 영과 진리로 아버지께 예배를 드릴 때가 온다. 지금이 바로 그때이다. 아버지께서는 이렇게 예배를 드리는 사람들을 찾으신다. (요 4:23)

구약의 쉐마와 함께 신약의 예배 선언인 요한복음 4장 23절은 대화식 가정예배의 세 번째 성경적 기초예요.

예수께서 '하나님은 영과 진리로 예배하는 자를 찾으신다'고 하신 의도가 무엇일까요? 시간과 장소 같은 비본질적이고 외형적인 것에 집착하기보다, 예배의 본질인 성령과 말씀에 더 집중해서 예배할 때가 왔다는 뜻이에요.

우리가 예배할 때 성령의 역할 중 가장 중요한 일은 하나님께서 계시하신 진리의 말씀을 조명해서 깨닫게 하시는 것이에요. 성령은 "모든 것 곧 하나님의 깊은 것이라도 통달"(고전 2:10 하) 하는 분이시니 하나님이 기뻐하시는 예배를 어떻게 드려야 할지도 알려주세요. 대화식으로 예배할 때 할 말을 가르쳐주시기도 하구요. 이것은 주일 공예배나 주중의 삶의 예배 모두에 해당해요. 그런 면에서 성령은 모든 예배를 총지휘하시는 진정한 예배의 총감독 이자, 마에스트로이세요.

그러므로 성령께서 강림하신 초기 예루살렘교회의 예배는 지난 2천 년 역사에서 세속과 전통의 때가 가장 적게 묻은 원석과 같은 예배였어요. 어쩌면 오늘 우리에게 너무 당연한 주일예배 양식이, 초대교회가 드린 원초적인 예배와 거리가 먼 것일 수 있어요.

## 1세기 교회의 원초적 예배

초대교회 예배에 관한 다양한 자료가 있지만, 특히 1세기 당시 예배 모습을 다룬 로버트 뱅크스의 《1세기 교회 예배 이야기》는 독특하고 신선한 자료에요. 이 책이 초대교회 당시의 예배 모임을 모두 다루고 있지는 않지만, 적어도 2천 년 전 로마의 한 가정에서 드린 예배의 일면을 참고하는 데는 부족함이 없어요.

가장 눈에 띈 것은 신자들의 예배 모습이에요. 일상에서 일어나는 자연스러운 대화, 식탁에서 먹고 마시며 나누는 소박한 교제, 평소에 사용하는 말투와 언어, 진정성 있는 열띤 토론 등의 모습은 바로 대화식 가정예배가 추구하는 일상의 모습이에요. 평범한 식탁과 대화의 자리임에도 신비한 평화와 환대의 따스함이 감돌지요.

활기찬 토론 속에는 당시 로마에서 쉽게 겪던 차별과 신분의 벽을 극복한 새로운 사회질서도 보여요. 정해진 순서나 프로그램은 없지만 산만하거나 혼란스럽지 않고 오히려 보이지 않는 질서가 있어요. 이 모든 예배를 총지휘하는 주체는 한 사람의 강력한 리더가 아니라, 성령 강림 사건 이후 성도 안에 내주하는 성령이세요.

이 자료를 통해 우리는 일상의 평범한 식탁과 사귐 속에서도 얼마든지 역동적인 예배를 드릴 수 있고, 복음이 가정과 삶의 현장에서도 우리의 가치관과 행동을 얼마든지 급진적으로 변화시킬 수 있다는 것을 알 수 있어요.

## 예배의 거장

요한복음 4장 23절은 그런 면에서 예배의 이전과 이후를 가르는 획기적인 '예배 선언'이에요. 영과 진리는 주일예배나, 삶의 예배 모두에 해당하는 예배의 핵심 원리입니다. 신약시대에는 주일예배뿐 아니라 삶의 모든 영역이 진리이신 예수의 영이 함께하는 예배의 자리예요. 그래서 우리는 일상에서든 가정예배에서든 성령님을 예배의 감독으로 인정하고 의지해야 합니다.

가정예배를 설계할 때도 내 안에 계신 성령께 의지해서 해야 해요. 성령님은 보혜사, 즉 세계 최고의 조력자이자 카운셀러counceller이세요. 그분이 성도 안에서 가정을 도우세요. 이 땅의 예배는 천국 가기 전까지는 부족하고, 투박하고, 제한적일 수 밖에 없어요. 하지만 예배의 거장이신 성령께 의지할 때 그분은 각 가정의 형편과 상황에 맞게 최선의 예배와 온전한 진리로 이끌어주세요. 말씀을 토론하며 하나님을 알아가는 시간 그 자체가 하나님이 기뻐하시는 예배예요.

## ◆ 적용 질문

✓ 왜 성령님이 예배의 총감독인가?

✓ 1세기 가정교회에서 드린 예배가, 정해진 순서나 프로그램은 없지만 산만하거나 혼란스럽지 않고 오히려 보이지 않는 질서가 있었던 이유는 무엇 때문이었는가?

✓ 대화식 가정예배 때 성령께서 하시는 역할이 무엇일지 상상해보고 생각나는데로 적어보자.

## 예배학 이야기

# 하나님을 만나는 4개의 방

사중구조 예배는 초대교회에서 착안한 예배의 원리예요.

1세기 예배는 말씀의 예전과 성찬의 예전이라는 두 요소로 구성되어 있었어요. 후대 예배학자들은 예배 처소에 모여서 말씀을 나누기 전까지를 '모임', 성찬 후 성도를 세상으로 보내는 '파송'이라는 두 요소를 추가했어요. 그렇게 모임, 말씀, 응답(성찬), 파송이라는 공예배의 사중구조가 탄생하게 된 거예요.

예배는 하나님과 만남의 사건이에요. 사중 구조는 이 만남을 시간의 흐름으로 구조화했고요. 개인적으로 지난 20년 동안 예배 현장, 아카데미, 세미나 등에서 가르치면서 이 사중구조가 인간의 만남과 비슷하다는 것을 알게 되었어요.

마치 친구와 저녁 식사를 약속해서 만나고 헤어지는 과정과 비슷하죠. 먼저 약속 장소와 시간을 정합니다. 만나면 반가운 인사와 즐거운 문안이 오가요. (모임, Gathering) 식사하며 그동안 있었던 일, 사건, 추억, 관심사를 나눕니다. (말씀, Word)

식후엔 간단한 디저트나 차를 나누며, 그날 분위기에 따라 마음을 열고 요즘 겪고 있는 고민을 나눠요. 친구가 아픔을 공감하고, 관심과 위로로 격려해 줄 때 감사로 반응하고 '힘내야

지' 다짐해요. (응답, Response) 다음 만날 약속을 정하고 각자 삶의 자리로 돌아갑니다. 그날 받은 친구의 따스한 격려에 힘입어 자신을 응원하며 일상을 살아내요. (파송, Dismissal)

예배학자 콘스탄스 M. 체리가 예배의 사중구조를 '하나님을 만나는 네 개의 방'[40]이라고 명명한 것은 매우 적절한 표현입니다. 문자 그대로 각 방마다 하나님을 만날 수 있다는 것이죠.

그런 면에서, 사중구조 예배는 하나님과의 만남을 자연스러운 양방향 two way 소통을 통해, 진정성 있는 만남으로, 그리고 점차 깊고 친밀한 교제로 나아가도록 인도하는 안전장치라 할 수 있어요. 이 구조를 가정예배에 적용하면, 예배가 더 깊고, 더 진정성 있게 드려질 수 있어요.

☞ 단행본 〈대화식 가정예배〉 "8일, 하나님을 만나는 4개의 방" (91-97) 참조

---

40) 콘스탄스 M. 체리는 《예배 건축가》에서 이 4단계 방의 실제에 대해 자세히 다룬다. 양명호 역, CLC 2015, 105-234쪽 참조.

# 세상에 하나뿐인 예배의 집짓기

## 사중구조 예배

**오늘의 말씀**

날마다 마음을 같이하여 성전에 모이기를 힘쓰고 집에서 떡을 떼며 기쁨과 순전한 마음으로 음식을 먹고, 하나님을 찬미하며 또 온 백성에게 칭송을 받으니 주께서 구원 받는 사람을 날마다 더하게 하시니라. (행 2:46-47)

대화식 가정예배는 두 가지 방식으로 간다고 했어요. 첫째는 일상 속의 대화, 둘째는 주 1회 정해진 시간에 드리는 만찬 예배입니다.

오늘은 여러분 가정에 맞는 만찬 예배 양식을 직접 설계해 보려고 해요. 어쩌면 세상에 단 하나뿐인 여러분 가정만의 고유한 예배의 집을 짓게 되실 거예요. 왜냐하면 모든 가정마다 부모와 자녀의 문화적, 환경적, 정서적, 영적 상황이 다르기 때문이에요.

앞에서 이미 다뤘듯이, 삶의 예배는 형식의 자유를 통해 예배에 즐거움과 활력을 주고, 사중구조 예배는 만남의 질과 진정성을 깊게 해줘요. 이런 창의적인 가정예배가 가능한 이유는 가정예배는 삶의 예배 즉, 만남, 대화 등 일상 자체가 몸으로 드리는 예배이기 때문이에요.

이제 이 두 요소를 활용해서 우리 가정에 최적화된 '예배의 집'을 지어봅시다. 자신의 가정에 적합한 사중구조 순서를 선별하세요. 모임, 말씀, 응답, 파송이라는 네 개의 방은 순서와 방향이 있어요.

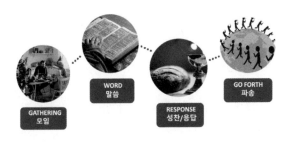

〈그림〉 사중 구조 예배의 흐름

말씀의 방은 모임의 방을 통해 들어갈 수 있어요. 마찬가지로 말씀의 방을 거치지 않고 바로 응답의 방, 파송의 방으로 갈 수 없어요. 마치 우리의 만남과 비슷해요. 만나지도 않고 대화할 수 없고, 헤어질 수도 없잖아요. 대화하지도 않았는데, 반응할 수 없는 것처럼 말이죠.

모든 가정은 저마다 다양한 상황이 있어요. 구성원의 신앙 수준도 다르고, 관계의 친밀도도 달라요. 자녀와 대화가 단절된 경우, 부모만 예수 믿는 경우, 이혼한 경우, 자녀가 정서적 어려움을 겪는 경우 등 천차만별이에요. 그래서 가족 구성원, 문화와 세대, 신앙의 정도에 맞게 이 네 가지 경우를 선택해서 예배할 수 있어요.

경우 1, 모임만으로 끝낸다.
경우 2, 모임 이후 말씀까지 읽는다.
경우 3, 모임과 말씀 읽고, 반응한다.
경우 4, 모임-말씀-반응 후 세상으로 파송한다.

예를 들어, 부모와 사춘기 자녀 간에 대화가 단절되어 모임 자체가 어려운 가정이 있어요. 그래서 몇 개월에서 1년이 걸리더라도 관계가 호전되고 대화가 자연스러워질 때까지 '모임'만 계속해야 할 수도 있어요. 가정예배가 삶의 예배이기 때문에 가능한 일이죠.

각 가정의 상황에 맞게 진정한 마음으로 성령께 물으며 간절히 의지해서 드린다면, 정도의 차이는 있어도 어떤 방에서는 반드시 하나님을 만날 수 있어요.

## 예배 코드

참고로 아래 도표는 대화식 예배 순서를 정하는 데 도움을 주는 '예배 코드 도표'입니다. 다양한 예배 요소들을 한글과 알파벳 약자로 표시해 놓았어요. 사중구조를 네 가지 카테고리로 나누었고, 모임-말씀-응답-파송 각각의 방마다 다양한 예배 요소들을 배치했어요.

| 사중구조 | 모임<br>Gathering G | 말씀<br>Word W | 응답<br>Response R | 파송<br>Dismissal D |
|---|---|---|---|---|
| 삶<br>의<br>예<br>배 | 구제<br>Offering O<br>축복<br>Blessing Bl<br>식사<br>Table T<br>대화<br>Dialogue Di<br>찬양<br>Praise P<br>잠자리<br>이야기<br>Bed Time Story<br>B<br>동화<br>Folktale F | 성경<br>Bible B<br>탈무드<br>Talmud T<br>암송<br>Memorizing M<br>낭독<br>Reading Rd<br>묵상<br>Meditation Md<br>하브루타<br>Havruta H | 후식<br>Dessert Ds<br>기도제목<br>Prayer Request<br>Pr<br>그리기<br>Drawing Dr<br>회개<br>Repentance Rp<br>이슈<br>Issues I<br>가족 이야기<br>Family Story Fs | 격려<br>Encourage E<br>기도<br>Prayer Py |

〈표 2〉 예배 코드 분류표

이 도표를 참고해서, 자신의 가정에 맞는 대화식 가정 예배 순서를 기록해 보세요. 수많은 경우의 수가 가능하죠. 얼핏 보면 복잡해 보여서 겁먹을 수 있어요. 하지만 알고 보면 자신의 가정에 해당하는 양식은 몇 가지의 케이스에 불과해요.

일단 순서를 정한 후에도 얼마든지 바꿀 수도 있고, 첨가하거나 뺄 수도 있어요. 삶의 예배라는 자유함이 이를 가능케 해요. 예배 코드는 쉽게 한글로 적으세요. 영어 코드가 편하신 분들만 영어 약자를 사용하시고요. 4개의 각각의 방은 ; 로 구분하고, 방과 요소는 - 로 구분하세요. 각 방에서 진행되는 요소들은 / 로 구분하고요. 예를 들어볼까요?

모임G의 방에서 식사T하며 대화Di만 할 경우의 예배 코드는 모임-식사/대화 G-T/Di로 적어보세요. 모임G의 방에서 식사T하고, 성경B으로 하브루타H까지 할 경우는 모임-식사; 말씀-성경/하브루타이고요. 알파벳 코드는 G-T/Di; W-B/H이에요.

성경 통독 가정예배 드릴 때는 모여서G 찬송P하고, 말

쏨B의 방에서 성경B을 함께 읽고 기도하니Py 모임-찬양; 말씀-성경/기도 G-P; W-B/Py로 적어요.

☞ 〈대화식 가정예배〉 "10일, 우리 집 예배 코드" (107-111) 참고

◆ **적용 질문**

✓ 우리 가정이 대화식 예배를 드리는데 걸림돌이 있다면 무엇인지 적어보자.

✓ 우리 집 예배는 모임-말씀-응답-파송 중 어느 방까지 시도할 수 있겠는가?

# 우리 가정에 맞는 예배코드 정하기

모든 가정은 저마다의 속사정이 있어요. 신앙도 다르고, 구성원도 다르고, 문화도 가지각색이에요. 그런데 자녀의 신앙 유무나 정도와 상관없이 부모의 강요로 동기부여도 안 된 상황에서 억지로 가정예배를 진행하면 반드시 문제가 발생해요.

억지로라도 순종해서 예배드리는 것이 복일 경우도 있지요. 문제는 그런 경우보다 상처받고, 가정예배를 꺼리거나 고등학교 졸업 이후 아예 신앙을 떠나는 경우가 지배적이라는 데 있어요. 예수님은 어린이와 힘없고 미약한 자를 실족케 하는 것보다 "차라리 그 목에 큰 맷돌을 달고 깊은 바다에 빠지는 편이 낫다"(마 18:6)고 말씀하셨어요.

자녀를 배려하고 존중하는 것이 대화식 가정예배의 첫 단계에요. 먼저 자녀와 열린 대화를 시도해 보세요. 자녀의 나이가 5~6세 이상이라면 함께 가정예배를 디자인해 보는 것도 좋아요.

우선, 사중구조와 삶의 예배에 관해 짧고 쉽게 설명해 주세요. 물론 키는 부모가 잡고, 최종 결정은 가정의 제사장인 아빠가 하되, 자녀의 의견을 최대한 수렴해서 결정하세요.

둘째, 자녀의 신앙적 상황과 자녀의 의견에 따라 사중구조 예배 코드를 선택해 보세요.

셋째, 선택한 사중구조의 방에서 우리 가족에게 맞는 삶의 예배 요소들을 신중하게 골라보세요. 이때 자녀의 발달단계, 신앙의 정도, 정서적 상황, 부모와의 관계라는 변수들을 진지하게 고려해서 예배 코드를 적어보세요.

넷째, 예배 코드대로 대화식 가정예배를 진행해 보세요. 몇 번 진행하면서 수정하다 보면 우리 가정에 맞는 예배 코드를 찾게 될 거예요.

다섯째, 어느 정도 익숙해지면, 경건의 요소나 축제적 요소를 창의적으로 더해도 좋아요. 다양한 요소 가운데 아빠의 축복, 말씀과 질문, 대화와 기도만 자리 잡혀도 행복하고 은혜로운 시간이 될 거예요.

◆ 꿀팁

가정예배 노트 - 가족의 영적 성장 과정을 기록하는 가정예배 노트를 활용해 보라. 예배드릴 때마다 날짜와 본문, 예배 코드와 기도 제목을 적어 놓으면 나중에 가정예배의 흐름과 변화, 역사를 되돌아볼 수 있다.

◆ 실천

우리 가정에 맞는 예배 코드를 한글(또는 알파벳 문자)로 써 보자.

# 2주 차 토론

기도 후 아래 질문에 대해 자유롭게 토론한다.

1.  하브루타에 대해 들어본 적이 있는가?

2.  왜 하브루타가 기존의 교육 방법론과 신앙교육, 그리고 자녀 양육에 있어서 게임 체인저라고 생각하는가?

3.  하브루타의 시조/대가이신 하나님과 예수님의 질문들이 내 질문들과 무엇이 다른지 자유롭게 나눠보자.

4.  하나님을 만나는 4개의 방을 설명해 보라. 우리 가정은 어느 방까지 가정예배를 드릴 수 있겠는가?

5.  우리 가정만의 예배 코드를 작성하는 데 어려움

은 없었는가? 내가 작성한 예배 코드에 대해 나
눠보자.

한 주 동안 묵상하며 메모했던 내용, 적용 질문에 답한
내용 중에 나눌 부분을 나누고 기도로 마친다.

# 3주

---

# 일상 대화로 예배의 외벽 쌓기

"가장 중요한 것은 질문을 멈추지 않는 것이다."

- 알베르트 아인슈타인

# 3주 차의 의도

이번 한 주는 가정예배를 지속 가능케 하는 기초인 안식과 일상 대화 및 질문을 훈련한다. 3주 차 키워드는 '삶의 예배', '대화', '감정언어', '질문의 힘', '좋은 질문', '말씀 대화'다.

대화식 가정예배의 예배학적 근거는 삶의 예배다. 주일 예배를 주중에 다시 가져올 필요가 없다는 얘기다. 삶의 예배는 몸(롬 12:1)을 산제물로 드리는 것이다. 즉 눈과 귀, 손과 발을 특히 가장 영향력 있는 입을 어떻게 산제물로 드릴 것인지가 관건이다.

대화로 예배할 때 장단점이 있다. 장점은 수평적이고 인격적이며 양방향 대화로 능동적이고 활기찬 예배가 가능하다. 단점은 부정적이고 비인격적인 성품과 말투 때문에 대화가 오히려 예배 분위기를 악화시킬 수도 있다.

키는 입술의 회개다. 독이 아닌 득이 되는 대화, 이를 위해 좋은 질문 습관을 만들고, 자신을 점검할 수 있는 방법과 만찬 예배 질문법인 하브루타 십계도 다룬다. 일상의 대화가 모여 만찬 예배를 형성한다는 사실!

자, 그럼 3주 차로 출발~

# 삶의 예배의 중심, 가정예배

## 삶의 예배

**오늘의 말씀**

그러므로 나는 하나님의 자비하심을 힘입어 여러분에게 권합니다. 여러분의 몸을 하나님께서 기뻐하실 거룩한 산 제물로 드리십시오. 이것이 여러분이 드릴 합당한 예배입니다. (롬 12:1)

대화식 가정예배의 네 가지 성경적 기초 중 마지막이 로마서 12장 1,2절이에요. 바울의 삶의 예배 선언이죠.

언제부턴가 우리는 '삶의 예배' 또는 '삶의 예배자' 같은 용어를 자주 사용하기 시작했어요. 그 의미는 주일만이 아니라 나머지 6일도 하나님을 영화롭게 하는 예배자의 삶을 살자는 귀한 논지죠. 하지만 삶의 예배를 구체적으로 어떻게 드려야 할지에 대해서는 성도 개인의 역량에 맡겨왔어요.

가정예배가 삶의 예배라면 주일예배 양식으로부터 자유할 수 있고, 다양한 삶의 예배 요소들을 각 가정의 상황에 맞게 선택적으로 다룰 수도 있어요.

가정예배는 주중에 드리는 삶의 예배라는 범주에 속해요. 더 나아가 삶의 예배의 중심이자 6일간의 삶의 예배를 강화하는 중추신경이에요. 가정예배에서 얻은 힘과 분별력으로 나머지 일상을 살아낼 수 있기 때문이죠.

## 형식으로부터 자유

가정예배가 삶의 예배라는 의미는, 가정예배를 드릴 때 주일예배라는 종교의식을 굳이 따르지 않아도 된다는 것을 뜻해요. 장소와 형식으로부터 자유하게 하죠. 그래서 주일 예배 양식이나 언어를 따를 필요가 없어요. 즉 자연스러운 식사와 대화, 사귐과 나눔, 토론과 논쟁 자체가 모두 가정예배의 양식이에요.

교회에서만 사용하는 종교적 언어가 있어요.

"묵도하심으로 예배를 시작하겠습니다"

"함께 성경 말씀을 봉독하겠습니다"

"우리의 마음을 다해 힘차게 찬양하겠습니다"

너무나 익숙한 예배 용어들이죠. 하지만 가정예배에는 어울리지 않아요. 자녀와 거리감만 생기고 예배의 진정성이 약화됩니다. 2~5명밖에 안 되는 친밀한 가족이 딱딱한 공예배 의식으로 예배한다면 분위기가 경직되고, 지루하며, 가정예배에 대한 기대감도 사라져요.

예를 들어 "다 함께 기도하고 예배드리겠습니다"보다는 "자, 오늘은 아빠가 기도할게"가 훨씬 자연스러워요.

"우리 잠깐 이 말씀에서 하나님이 뭐라고 하시는지 묵상해 볼까?", "얘들아, 오늘은 아빠가 요즘 자주 생각나는 성경 구절 하나 읽어볼게", "요즘 좋아하는 찬양이 뭐야?", "아빠 생각에 이 구절이 이번 한 주간 우리가 함께 생각하고 토론해 볼 중요한 말씀인 거 같아."

대화식 가정예배는 경직된 종교용어가 아닌 평범한 일상에서 사용하는 대화체를 사용해요.

## 회개로 여는 삶의 예배

더 나아가 삶의 예배는 몸을 드리는 예배예요. 일상의 대화와 직결되는 아주 중요한 원리입니다.

바울은 "여러분의 몸을 하나님께서 기뻐하실 거룩한 산 제물로 드리"(롬 12:1)라는 아주 독특한 권면을 했어요. 왜 몸을 드리라고 했을까요? 혀, 귀, 눈, 손과 발 등을 어떻게 드린다는 걸까요? 제물은 피 흘려 죽이는 것인데, 산제물로 드린다는 것은 무슨 의미일까요?[41]

중요한 것은 우리를 위해 어린 양 되신 예수께서 십자가 제물이 되셨다는 거예요. 이 역사적 사실을 믿을 때 나는 "그리스도와 함께 십자가에 못 박"혔고, 더 이상 "내가 사는 것이 아니요 오직 내 안에 그리스도께서 사시는"(갈 2:20, 개역개정) 존귀한 신자가 되는 거예요.

나는 죽고 예수와 함께 산다는 것은 남의 티끌보다 자신의 들보 때문에 가슴을 치고, 애통한 마음으로 회개하고, 자기를 부인하고 예수를 따르는(마 16:24) 삶, 구원을

---

41) 대화식 가정예배에서 치열하게 토론해도 좋을 질문들이다.

이뤄가는(빌 2:12) 성화를 의미해요. 먼저, 성령께서 죄를 깨닫게 하실 때(롬 2:4)마다 입술이 회개하고, 눈과 귀가 회개하고, 손과 발이 회개해야 해요.

다윗은 "하나님이 구하시는 제사는 상한 심령"(시 51:17)이라고 했고, 존 번연은 상하고 찢겨진 영혼이야말로 가장 탁월한 예배의 재료[42]라고 했어요. 그러므로 상하고 애통하는 마음이 없는 신자는 '내가 진짜 신자 맞나?' 의심해 봐야 해요. 그만큼 회개가 중요해요. 이렇게 회개는 삶의 예배의 문을 여는 첫 단계예요.

## 순종과 대화로 드리는 예배

그럴 때 우리는 다음 구절인 "이 시대의 풍조를 본받지 말고, 마음을 새롭게 함으로 변화를 받아서, 하나님의 선하시고 기뻐하시고 완전하신 뜻이 무엇인지를 분별"(롬 12:2)할 수 있는 단계로 나아가게 되어요. 결국 삶의 예배는 입술과 눈귀와 손발의 회개로 시작해서, 하나님의 뜻을 분별하고, 순종함으로 지키기 위해 일상에서 만나고, 대화하고, 소통하고, 사랑하는 모든 행위예요.

---

42) 존 번연, 상한 심령을 서라, 이태복 역(지평서원, 2006), 156-75.

사무엘이 "순종이 제사보다 낫고 말씀을 따르는 것이 숫양의 기름보다 낫다."(삼상 15:22)고 했듯이, 어쩌면 주일 예배보다도 말씀에 순종하여 일상에서 실천하려고 애쓰는 삶의 예배를 하나님은 더 기뻐하세요.

이런 행위가 가장 친밀한 공간에서, 가장 정직한 모습으로, 가장 인격적인 관계 속에서 벌어지는 현장이 바로 가정이구요. 이곳에서 식사하며 대화하고, 말씀으로 질문하고 토론할 때 하나님의 임재를 경험하고, 세상을 이길 통찰력을 얻는 곳이 바로 대화식 가정예배이구요.

◆ 적용 질문

✓ 내가 이해해 온 삶의 예배는 무엇이었나?

✓ 왜 가정예배가 삶의 예배의 중심이자 중추신경인가?

✓ 왜 회개가 삶의 예배의 첫 단계인가?

✓ 사무엘상 15:22에 의하면, 말씀에 순종하는 삶의 예배가 주일 예배보다 더 중요한 것인가?

# 전통적 가정예배와 비교

대화식 가정예배를 한눈에 이해하도록 기존의 전통적인 가정예배와 대화식 가정예배를 비교해 보았어요. 한마디로 대화식 가정예배는 삶의 예배가 강조된 가정예배라 할 수 있어요.

전통적 가정예배는 분위기가 엄숙하고, 한 사람의 인도자 중심으로 진행되나, 대화식 예배는 자유롭고 가족 모두가 참여해요. 전통적 가정예배는 형식을 중요하게 여기지만, 대화식은 본질과 원리를 따라요.

| | 전통적 가정예배 | 대화식 가정예배 |
|---|---|---|
| 분위기 | 엄숙하다 | 자유롭다 |
| 소통 | 인도자 중심 | 대화 중심 |
| 형식 | 정해진 순서를 따른다 | 원리를 따른다 |
| 설교 | 일방적 | 상호 소통 |
| 관계 | 위계질서 | 수평적 |
| 예배 | 공예배 축소판 | 삶의 예배 |
| 교훈 | 훈계와 지적 | 대화와 질문 |
| 진행 | 지루하다 | 활기차다 |
| 목표 | 성경적 교훈 | 하나님의 임재와 각성 |
| 장소 | 가정 | 가정과 일상 |

〈표 3〉 전통적 가정예배와 대화식 가정예배 비교표

전통적 가정예배는 일방적인 설교로 말씀을 나누지만, 대화식은 가족 구성원 모두 질문하고 의견 나누며 상호 소통방식으로 예배에 적극 참여해요. 부모와 자녀의 관계도 전통적 예배는 위계질서를 중시해서 무겁고 지루하지만, 대화식은 수평적이고 인격적이며 활기찬 대화로 자유롭고 능동적이며 축제적이에요.

전통적인 가정예배에서는 부모의 훈계와 지적, 잔소리로 자녀를 주눅 들게 할 수 있지만, 대화식은 질문을 던짐으로 자녀가 주도적으로 신앙과 인생의 해답을 찾도록 기회를 줍니다. 자녀는 잔소리가 아닌, 부모의 뒷모습에서 살아 있는 교훈을 얻게 되지요.

무엇보다 전통적인 가정예배는 성경을 읽고 짧은 메시지를 통해 성경의 교훈을 아는 것에 관심이 있다면, 대화식은 말씀을 질문하고 토론하면서 본문을 깊게 이해하고, 하나님의 뜻을 분별하는 것에 집중해요. 그 과정에서 주님의 임재를 경험하고, 영적 각성이 일어나는 것을 추구해요. 전통적인 가정예배 장소는 가정이지만, 대화식은 가정 외에도, 자녀와 함께 하는 모든 일상이 예배의 장소라는 점도 큰 차이예요.

이렇게 인격적이고 친밀하며 수평적인 대화와 질문 중심의 가정예배가 우리의 편의에 따른 실용적인 예배가 아니라 하나님께서 강조하신 성경적인 가정예배이며 삶의 예배라는 것을 잊지 마세요.

### ◆ 적용

둘 중에 어느 양식이 더 성경의 원리와 가까운가?

# 혀끝에서 펼쳐지는 세계

## 대화

### 오늘의 말씀

우리는 이 혀로 하나님을 찬송도 하고 그분의 모습으로 창조된 사람들을 저주도 합니다. 한입에서 찬송과 저주가 나오고 있습니다. 형제 여러분, 이런 일이 있어서는 안 되겠습니다. (약 3:9-10)

오늘부터 대화식 가정예배의 두 현장인 일상 대화와 말씀 대화 중 일상 대화를 다루려고 해요.

어제는 몸을 산제물로 드리는 것이 영적 예배라고 했어요. 우리 몸에서 대인관계에 가장 큰 영향을 주는 지체가 뭘까요? 바로 입이에요. 그래서 혀의 회개는 삶의 예배의 가장 중요한 첫 단추예요. 이 단추를 잘못 끼면 삶의 예배 전체가 뒤틀어지고 말아요.

## 독이 되는 말, 득이 되는 말

무심코 건넨 말 한마디가 상대의 마음에 칼을 꽂는 경험은 누구나 한 번쯤 있을 거예요. 우리가 내뱉은 말 한마디가 관계에 득이 되기도 하고 독이 되기도 해요.

예를 들어, 자녀가 거짓말을 했어요.

"왜 또 거짓말했어? 그게 얼마나 나쁜 짓인 줄 알아?!"

우리는 보통 화를 내고 자녀의 잘못부터 지적해요. 맞는 말이지만 관계에는 독이 되죠. 비난과 정죄는 율법의 기능이에요.

"너는 죄인이야! 거짓말쟁이, 너란 놈이 어디 가겠어!"

이런 대화는 자녀의 자존감만 떨어뜨릴 뿐, 잘못된 행동을 변화시킬 능력은 전혀 없어요. 사람은 정죄(율법)로 변하지 않아요. 지적은 같은 실수를 반복하게 할 뿐이에요. 이것은 마귀가 좋아하는 독이 되는 언어예요. 아이에겐 죄책감과 반발심만 키워줘요. 그 결과 부정적인 자아상과 부모를 향한 복수심만 자라게 되고요.

부부가 서로 다툴 때도, 어떤 말을 하느냐에 따라 두 사람의 관계에 독이 될 수도, 득이 될 수도 있어요. 미국 가톨릭대학의 클리포드와 하워드 교수의 연구에 의하면, 한평생 함께 산 부부나 파경을 맞은 부부나 부부 싸움은 별 차이가 없다고 해요. 그런데 서로 주고받는 언어에는 확연한 차이를 보인다고 합니다. 실패한 부부는 상처 주는 말을 많이 해서 상대를 굴복시키고자 한다는 것입니다.[43]

"당신은 왜 맨날 그렇게 행동해? 내가 하지 말랬지? 어떻게 나한테 그럴 수가 있어?!!"

화를 내고 상대방의 잘못을 지적해요.

"난 틀린말은 안하는거 알지? 내 말이 틀렸어??"

맞는 말이지만 득이되는 말은 아니에요.

43) Clifford Notarius & Howard Markman, We Can Work It Out: making Sense of Marital Conflicts (Putnam Adult, 1993).

## 나-메시지

팁 하나 드릴께요. 행복한 가정은 싸울 때 되도록 상대에게 상처를 주는 말보다, 관계에 득이 되는 나I 메시지를 많이 사용해요. 나-메시지란 상대You를 지적하지 않고 상대의 행동으로 인해 느껴지는 내 마음의 소리를 표현하는 대화법이에요. 여기엔 세 가지 내용이 포함되어요.[44]

첫째, 아이가 왜 그런 행동을 했는지 질문한다.
둘째, 그 행동에 대한 엄마의 감정을 말한다.
셋째, 행동의 결과로 생기는 문제가 무엇인지 말한다.

예를 들어볼께요.

"아들아, 엄마한테 왜 거짓말 했어? 엄마가 참 혼란스럽고 속상하다. 거짓말은 서로를 믿지 못하게 하거든."

그럴 때 아이는 자신이 한 행동이 엄마에게 어떤 아픔을 줬는지 생각하게 돼요. 스스로 자신의 문제를 깨닫도

---

44) 신의진, 현명한 부모가 꼭 알아야 할 대화법 (걷는나무, 2010), 143.

록 시간을 주는 것이 중요해요. 이것이 화를 내는 것보다 몇 배, 몇 십배 지혜로운 행동이에요.

## J-메시지

한 걸음 더 나아가 J jesus 메시지를 사용해보세요. 죄를 십자가의 보혈로 덮으세요. 사람을 변화시키는 것은 정죄가 아니라 은혜와 긍휼이에요. 일단 학교 다녀온 아이가 가장 좋아하는 음식점에 가서 맛있게 식사해요. 식사를 마치면 후식을 나누며 따뜻하게 말을 꺼냅니다.

"엄마한테 말하기 힘들었구나?… 아들, 엄마 사랑해?"
"응? 갑자기…"
"엄마는 아들 사랑해. 괜찮아, 그럴수도 있어."

분위기를 봐서 가볍게 이야기를 꺼내세요.

"베드로도 거짓말 한거 알아?"
"그래?"
"응, 예수님 수제자인데 예수님이 병사들에게 붙들려 갔을 때 두려워서 세 번이나 예수님 모른다고 거짓말하고, 저주까지 했어. 그런데 나중에 부활하신 예수님이 베드로를 찾아가셨어? 왜 가셨을까?"

"글세…"

"추궁하고, 정죄하고 혼내러?"

"아니?"

"뭐라고 하셨는지 기억해?"

"응… 네가 나를 사랑하느냐?"

"어떻게 그럴 수가 있지? 너 같았으면 어떻게 했겠어?"

"난 한방 먹였을 거야"

"아들이 엄마보다 났네. 엄만 찾아가지도 못했을 거야.
예수님은 무슨 힘으로 자기를 배신한 제자를 찾아갔을
까?"

"음… 아마 베드로를 사랑해서?"

"우와… 진짜 좋은 포인트야. 엄마는 서로 사랑한다면
어떤 실수도, 어떤 잘못도 극복할 수 있다고 생각해"

"그런거 같아"

"그래서 아까 너한테도 엄마 사랑하냐고 물어본거야."

"ㅠㅠㅠ"

위기가 오히려 성경 이야기로 토론하는 기회가 된 경
우예요. 사랑이 담긴 따스한 질문이 한 사람의 인생을 바꿀 만큼 큰 힘을 지녀요.

예수님처럼 존재와 관계에 관한 질문으로 자신이 스스로 문제에서 빠져나올 수 있도록 기회를 주세요. 정죄가 아닌 사랑으로 문제를 풀어보세요. 이런 질문은 존재를 살리고 영혼을 일으키는 기적의 언어예요.

◆ 적용 질문

✓ 독이 되는 말과 득이 되는 말 중, 내가 많이 하는 말은?

✓ 오늘 하루 나-메시지를 실천해보자.

✓ 4주 과정이 끝나기 전에 J-메시지도 꼭 한 번 시도해보자.

# 잔소리는 가장 게으른 훈육

훈련되지 않은 부모의 눈에는 아이들의 부족한 부분만 보여요. 그래서 눈에 보이면 가차 없이 지적해요. 부모가 원하는 것을 지시하고 명령해요. 이럴 때 아이들은 부모의 말을 귀담아 듣기보다 잔소리로 여겨요. 효과도 없고 갈등만 더 쌓여가요. 그런 면에서 지적, 명령, 잔소리도 회개하고 회복해야 할 입이에요.

이상한 것은, 효과가 없다는 걸 알면서도 잔소리가 멈춰지지 않아요. 다른 방법을 모르기 때문이기도 하고, 가장 쉬운 방법이기도 해요.[45] 자신도 가부장적인 문화 속에 자라서 부모가 자신에게 행동한 것처럼, 자신도 자녀에게 질문보다 명령하고, 지적하고, 혼내는 것이 익숙한 거예요.

잔소리는 가장 게으른 훈육 방법이예요.[46] 우리는 지시하고 잔소리해도 말 잘 듣는 아이를 착한 어린이로 여겨요. 하지만 착한 아이일수록 참다 참다 사춘기 때 엇나가는 경우가 많아요. 성숙한 부모라면, 착한 아이보다 정직한 아이, 자기 주도적인 아이, 영적으로 강한 아이로 키워야 해요.

예를 들어 아이가 학교 갔다 와서 해야 할 숙제도 안 하고 게임만 하고 있어요. 엄마는 "빨리 숙제 안 하고 뭐 해?" 지적하고, 재촉하고 싶어 입이 근질근질할 거예요.

성숙한 훈육법은 기다리는 거예요. 잠시 후 아이도 눈치채고 숙제를 시작할 수 있어요. 그럴 때 구체적으로 칭찬해 주세요. 칭찬받으면 아이는 기분이 좋아져요. 그래서 이젠 미리 숙제합니다. 이때 아들이 노력하는 모습, 점점 나아지는 모습을 꼭 칭찬해 주세요.

---

45) 김금선, 엄마의 하브루타 대화법 (위스덤하우스, 2019) 86-7.
46) Ibid., 87.

혹 여전히 게임 삼매경에 빠져 있으면, 화내지 말고, 질문하세요. "아들아, 지금 네가 할 일이 뭐지?" 아이가 스스로 자신이 해야 할 일을 자각할 수 있도록 기회를 줘야 합니다.

"나는 절대 안 돼요. 내 불같은 성격 때문에 불가능해요. 그냥 성격대로 살래요. 기분 내키는 대로 말하고, 내 감정대로 지적하고, 소리치면서 그냥 살래요."

이 말은 "난 우리 아이를 분노가 가득하고, 자존감은 바닥인 아이로 키울 거예요"라고 말하는 것이나 다름없어요. 머지않아 자녀의 마음에 분노가 쌓이고, 폭발해서 결국 부모에게 복수하는 원수로 돌변하게 될 거예요.

◆ 꿀팁

오늘 하루 내가 던지는 잔소리의 숫자와 질문의 숫자를 메모장에 체크해보자. 매일 자신의 언어습관을 점검하다 보면 대화가 예배가 되는 놀라운 변화가 일어날 것이다.

# 정직한 감정을 표현하는 연습

## 감정언어

**오늘의 말씀**

나는 확신합니다. 죽음도, 삶도, 천사들도, 권세자들도, 현재 일도, 장래 일도, 능력도, 높음도, 깊음도, 그 밖에 어떤 피조물도, 우리를 우리 주 예수 그리스도 안에 있는 하나님의 사랑에서 끊을 수 없습니다. (롬 8:38-39)

오늘은 대화할 때 놓치기 쉬운 감정언어에 대해 나누려고 해요. 무뚝뚝한 아빠, 옳은 말만 하는 엄마 밑에서 자라는 자녀의 정서는 사막처럼 메마를 수밖에 없어요. 우리 사회는 감정 억제를 미덕으로 여기는 경향이 있어요.

그 부작용으로 감정 장애를 겪거나, 감정 표현 불능증, 정서적 애착 회피로 고통받는 분들이 의외로 많아요. 그중에 자기감정을 잘 표현하지 못할 뿐 아니라, 다른 사람의 정서적인 고통을 이해하고 반응하기 어려워 하는 분도 많아요. 감정에 치우치는 것은 좋지 않지만, 감정을 적절하게 표현하고, 감성이 풍부한 것은 오히려 일터와 가정의 분위기를 충만하게 해줘요. 주위를 한번 둘러보세요. 우리가 존경하는 사람은 지식이 많은 사람인가요? 사랑이 많고, 감성이 풍부한 사람인가요?

감성적인 사람은 상대의 감정을 잘 분별해서 민감하게 반응하고, 마음에 공감하며, 주위 사람에게 동기를 부여하는 매력적이고 따스한 사람이에요. 감정언어의 시조는 하나님이세요. 천지를 창조하실 때 첫날 하신 말씀이죠. "보시기에 좋았더라"(창 1:4 상) 인간을 만드신 육 일째는 감정이 벅차오르셨어요. "보시기에 심히 좋았더라"(창 1:31 상)

하나님은 사랑이에요. 그분의 모든 행동, 대화, 표현, 심지어 일마저 사랑이 아닌 것이 없답니다. 호세아 선지자가 서술한 하나님의 감정은 연애소설 뺨쳐요.

"너를 불쌍히 여기는 애정이 나의 속에서 불길처럼 강하게 치솟아 오르는구나" (호 11:8)

감정에 치우치는 것은 조심해야 하지만, 자기감정을 절제하고, 적절하게 표현하고, 사랑이 넘치고, 감성이 풍부한 사람은 하나님을 닮은 사람이에요. 이를 정서지능이라고도 해요. 자신의 감정을 정확히 알고, 존중하고, 충동을 자제하고, 불안이나 분노 같은 자기감정을 조절하는 능력이죠.

십자가 사랑을 경험하면 눈물이 나는 이유가 마음의 독기가 빠지고, 연한 순처럼 회복되기 때문이에요. 돌같은 마음을 회개하고, 상한 감정이 치유된 사람은 스치는 낙엽 하나에도 하나님의 세계의 아름다움에 감격해요. 정서가 안정되고 정서지능이 수직 상승해요. 이런 사람은 실패해도 좌절하지 않고, 환경에 흔들리지 않아요. 자신을 격려하고, 타인의 감정을 공감하고, 다른 사람과 조화롭게 협력할 수 있어요.

나아가 지구 반대편 미지의 종족을 위해 목숨까지 버릴 만큼 사랑이 불타 오르지요. 왜냐하면 우리가 경험한 하나님의 사랑은 "죽음도, 삶도, 천사들도, 권세자들도, 현재 일도, 장래 일도, 능력도, 높음도, 깊음도, 그 밖에 어떤 피조물도 끊을 수 없는" 어마어마한 사랑이기 때문이에요.

## ◆ 실습

✓ 오늘 하루, 자신의 대화 내용을 제3자의 입장이 되어서 살펴보자. 남의 잘못을 지적하는 말투가 많은지, 내 감정을 표현하는 말투가 많은지 세어보자.

✓ 매일 10~15분 정도 조용한 시간을 확보하고, 자신의 내면을 들여다보는 시간을 가져보자. 자신의 감정이 어떤 상태인지 분별해보라. 가까운 친구나 가족에게 정직한 감정을 표현하는 연습도 필요하다. 억눌린 감정언어는 감정을 창조하신 하나님 앞에 나아갈 때 얼마든지 회복될 수 있다. 다윗의 시로 만든 찬양을 들으며, 내 속에 정한 마음을 창조하시고, 주의 구원의 즐거움을 회복시켜 주시기를 기도하라.

☞ "시편 51편"(좋은씨앗 2집 feat. 조재옥) 유튜브

# 80:20 대화의 법칙

오늘날 자기감정을 말하기는 빨라도 상대의 말을 듣기는 느린 문화가 팽배해졌어요. 우리는 불통의 시대를 살고 있어요. 상대방의 말을 듣고 공감하는 능력은 가정에서 체득되어야 해요.

코칭에서는 상대의 말을 귀담아듣는 경청을 잘하려면 8대 2 룰을 강조해요. 상대방이 말하는 시간이 8분이라면, 내가 말하는 시간은 2분만 사용하는 거예요. 2분도 내 의견보다 상대방의 생각을 더 깊이 이해하기 위한 질문을 던져보세요.

"그런데 왜 그런 생각을 하게 되었어?"

"그렇구나, 마음이 힘들지 않았어?"

이 8:2 룰은 신의진 교수가 말한 80:20 대화의 법칙과 일맥 상통하다는 걸 알게 되었어요. 부모와 자녀 사이의 올바른 대화는 '이해하는 대화'와 '가치를 전하는 대화'의 비율을 80대 20으로 하는 것이 이상적[47]이라는 거예요.

예를 들어, 아이가 "엄마 오늘 가정예배 안 하면 안 돼?"라고 말했을 때, 엄마가 "오늘 무슨 일 있었구나", "피곤해 보이네. 어디 아파?"라고 질문하는 것은 이해하는 대화예요. 이러한 반응은 아이의 감정에 공감해 주고 부정적인 기분을 풀어 주어요. 신 교수는 이럴 때 아이는 부모에게 마음을 열고, 어떤 말을 하든 의욕적으로 받아들이고 실천하려는 태도를 보이게 된다고 했어요.[48]

반대로 "가정예배는 하나님과 약속한 시간이니 힘들어도 해 보자"라고 옳은 말만 했다면, 이는 부모가 생각하는 가치만 일방적으로 전하는 대화예요. 아이는 한순간에 엄마의 '옳은 말'에 방어적인 자세를 취하게 되어요.

---

47) 신의진, 현명한 부모가 꼭 알아야 할 대화법, 114-6.
48) Ibid.,109.

신의진 교수는 "적어도 열 마디의 말 중 여덟 마디는 아이의 기분을 살피고, 이해하고, 공감하는 말이어야 하고, 나머지 두 마디로 꼭 전하고 싶은 가치를 이야기하라 했어요. 그럴 때 아이는 거부감 없이 받아들인다"[49]는 거예요.

부모가 자녀에게 부부가 서로에게, 질문하고 상대의 감정을 이해하고 경청하는 것은 상대방의 생각과 감정, 의견을 존중하는 가장 성숙한 소통방식이에요. 경청은 삶의 예배의 중요한 도구 중 하나예요.

◆ 실천

가정 또는 일터에서 대화할 때, 8:2 룰 또는 80:20 대화의 법칙을 시도해 보자. 그 결과 직장 동료, 부부, 자녀와의 관계에 어떤 변화가 있었는지 메모하라.

---

49) Ibids.

# 질문은 친밀한 대화의 열쇠

## 질문의 힘

**오늘의 말씀**

여자가 이르되 주여 물 길을 그릇도 없고 이 우물은 깊은데 어디서 당신이 그 생수를 얻겠사옵나이까? (요 4:11)

뜨거운 뙤약볕이 내리쬐는 정오였어요.

사마리아 지역의 우물가에서 한 여인이 예수님께 묻고 또 물었습니다. 자신의 인생과 존재, 그리고 죄에 대한 끊임없는 갈증과 목마름 속에서 묵혀둔 질문들이 쏟아져 나왔어요. 수십 년 동안 그 누구도 이 여인의 질문에 관심 갖지 않았어요.

그런데 예수님은 이 초라한 여인의 질문에 귀를 기울이셨어요. 그녀가 쏟아내는 질문들을 하나도 무시하지 않으셨어요. 여인의 눈을 똑바로 보시며, 질문 이면에 있는 깊은 내면의 탄식을 읽으셨어요. 이어지는 질문과 대화 속에서 그녀는 마음이 열렸고, 답을 찾았고, 예배가 회복되었으며, 결국 메시아를 만났어요.

대화식 가정예배가 바로 사마리아 우물가가 되어야 해요. 사마리어 여인처럼 목마른 자녀들이 질문과 토론을 통해 메시아를 만나는 장이 되어야 해요.

안타깝게도 지난 30여년간 교회와 어린이 청소년 사역 현장에서, 부모와 자녀 간에 소통이 단절되고, 갈등의 골이 깊은 모습을 수도 없이 보아왔어요. 왜 가정에서 자녀와 대화가 통하지 않는 것일까요? 왜 자녀를 사랑하지 않는 부모는 없는데, 자녀는 부모의 사랑을 부담스러워하고, 스트레스받는 것일까요? 저는 그 답을 부모의 대화 습관에서 찾았어요. 한국 가정 문화는 질문 보다 잔소리와 훈계가 지배적이에요.

왜 우리가 질문을 중요하게 다뤄야 할까요? 부모의 질문이 가정을 살리는 핵심 도구이기 때문이에요. 부모가 모든 답을 주려고 어깨에 힘주고 잔소리하기보다 목소리를 낮추고 질문을 통해 자녀 스스로 답을 찾아가도록 할 때 아이들은 놀라운 속도로 성장하고, 신앙과 인생, 공부까지 주도적으로 풀어갑니다.

## 질문은 인간의 본성

원래 인간은 태어날 때부터 누가 가르치지도 않았는데, 친밀한 소통을 할 줄 알아요. 상대의 표정을 읽고, 친밀한 눈빛을 나누고, 부드러운 톤으로 자신의 감정을 표현하죠. 질문은 인간의 본성이자, 친밀한 대화의 열쇠이기 때문이에요. 3살 4살 자녀들이 질문을 많이 하죠? 질문을 하는 것은 상대를 신뢰하기 때문이에요. 부모를 친밀한 존재로 느끼고 있다는 증거예요. 아이는 낯선 사람에게 질문하지 않아요. 자녀가 질문을 지나치게 많이 하나요? 그만큼 부모를 절대 신뢰하고, 친밀하다고 느낀다는 뜻이에요. 자녀와 대화가 단절되기 원하는 분은 없을 거예요. 만일 자녀와 사춘기 이후까지 친밀한 관계를 유지하고 싶다면 절대로 질문이 많다고 귀찮아하지 마세요.

자녀가 질문할 때마다 자녀의 미래에 순금 한돈씩 쌓

인다고 생각하세요. 질문은 자녀 안에 내재되어 있는 엄청난 잠재력을 일깨워주는 부싯돌이에요.

◆ **적용 질문**

✓ 나는 자녀와 친밀한 대화가 잘 이뤄지고 있는가? 아니면 대화가 점점 어려워지고 있는가? 무엇인 문제라고 생각하는가?

✓ 우리 집 가정예배가 사마리아 우물가처럼 어떤 질문도 주고받을 수 있는 열린 모임이 되려면 무엇이 필요한가?

## 대가 이야기

# 질문을 두려워하는 한국 교육

한국의 질문 문화가 어느 정도일지 영상 하나 소개합니다.
2010년 9월 G20 서울 정상회의 폐막식 때 있었던 일이에요.
버락 오바마 대통령이 폐막 연설 직후에 각국 기자들을 초대
해서 기자회견을 열었어요. 사전에 예고되지 않은 오바마의
즉흥적인 이벤트였어요.

◆ **영상보기**

"오바마 기자 회견장, 질문 못하는 기자들"[50]

---

50) EBS "왜 우리는 대학에 가는가 5부" 중 앞부분. https://youtu.be/fem5SG5YjaY
(2022년 12월 28일 접속)

◆ **실습 1**

부부 또는 자녀와 함께 이 영상을 시청하고, 3분 동안 이 영상에 관한 질문 2가지를 만들어보라.

_____

_____

질문이 완성되었으면 아내나 자녀와 1:1로 그 질문을 나누면서 토론해 보세요.


◆ **점검**

✓ 토론하면서 느낀 점은 무엇인가?

✓ 질문을 만드는 일이 어렵게 느껴지진 않았는가?

✓ 왜 한국 기자들은 아무도 질문하지 않았는가?

✓ 기자회견장에서 대통령이 먼저 기자들에게 질문을 던지는 모습에서 무엇을 느꼈는가?

_____

_____

한국인은 질문하는 것을 두려워해요. 우리는 질문 교육보다 정답 교육을 받았기 때문이에요. 질문은 내가 모른다는 것을 드러내는 것이고, 부끄러운 것이라는 인식이 우리 안에 있어요. 모르면 뒤처지고 루저, 낙오자라고 생각해요. 남들보다 많이 알아야 내가 승자라는 비교 의식도 무의식중에 깔려있어요. 끝없는 경쟁과 승자독식을 부추기는 한국 교육 시스템의 안타까운 현실이에요.[51] 질문에 대한 생각을 전환해야 해요.

## 질문은 겸손이다

질문의 본질은 겸손이에요. 유태인은 토라를 물로 비유해요. 말씀은 높은 곳에서 낮은 곳으로 흐르죠. 벼가 익으면 고개를 숙이듯이 진리는 겸손한 자에게 흘러가게 되어 있어요. 그래서 진정한 지혜자는 질문하는 자입니다. 질문은 부끄러운 것이 아니라 진짜 배움이 시작되는 곳이에요.

## 질문은 존중이다

또한 질문을 한다는 것은 상대의 의견을 존중하는 것이에요. 상대방에게 말할 시간을 주고 자신의 생각을 말할 수 있도록

---

51) 더 관심 있는 분은 김정완 《질문 잘하는 유대인, 질문 못하는 한국인》 (한국경제신문) 참고.

기다려 주고, 배려하는 것이에요.

많은 부모가 자녀에게 질문하기보다, 지시하고 명령하지요. 만일 질문을 한다면 그 자체가 자녀의 생각을 듣겠다는 것이고, 자녀의 의견을 존중하는 것이에요.

한 랍비가 "경청은 매우 강력한 친절과 존중, 그리고 인정의 행위다"[52]라고 했어요. 그만큼 질문하고 듣는 것은 상대방을 존중하는 최고의 행위 중 하나에요. 부모가 자녀에게, 부부가 서로 질문하고, 경청해 주는 것은 상대방의 생각과 감정, 의견을 존중하고 인정하는 최고의 소통방식이에요. 오늘부터 시도해 보세요. 자녀와의 관계는 물론 부부관계도 변화가 시작될 것입니다.

### ◆ 실습 2

나는 평소에 아내(남편, 자녀)와 대화할 때 주로 말하는 편인가? 듣는 편인가?

나는 평소에 가족에게 질문을 던지는가? 한다면 어떤 질문을 주로 하는가?

---

52) Zelig Pliskin, Marriage (Mesorah Publications Ltd. 1998)

3주 차 17일 | 금

# 마음을 여는 질문과 닫는 질문

## 좋은 질문

**오늘의 말씀**

옛날이 지금보다 더 좋은 까닭이 무엇이냐고 묻지 말아라. 이런 질문은 지혜롭지 못하다. (전 7:10)

오늘은 자녀와의 일상에서 일어날 수 있는 질문에 대해 다룰 거예요. 질문이라고 다 좋은 것은 아니에요. 좋은 질문, 나쁜 질문은 없다고 하기도 해요. 질문을 두려워하게 할 수 있기 때문인 것 같아요. 하지만 해가 되는 질문은 있어요. 어쩌면 우리는 마음을 닫게 만드는 질문을 훨씬 많이 하며 살아요. 아래는 나쁜 질문[53]의 4가지 유형이에요.

---

53) 김금선, 엄마의 하브루타 대화법 (위스덤하우스, 2019), 78-9.

첫째, 답을 정해놓고 유도하는 질문: "엄마 말 안 들으면 어떻게 될까?", "숙제 안 하면 무슨 벌 받지?", "밥 먹을 때 떠들면 호랑이가 와서 잡아간다고 했지?"

둘째, 자신의 우월감을 과시하기 위한 질문: "그것 봐, 엄마가 하라는 대로 하니까 훨씬 좋아졌지?"

셋째, 비난의 의도나 비아냥거리는 질문: "그럴 줄 알았어. 엄마 말 안 들으니까 이런 결과가 나온 거 아닐까?"

넷째, 상대방의 무지를 드러내려는 질문: "그것도 몰랐어? 엄마한테 물어봤으면 진작 가르쳐 줬지."

하지만 적절하고 좋은 질문, 또는 마음을 여는 질문은 세대와 나이, 문화를 뛰어넘어 상대방을 이해, 존중, 공감하는 관계 능력이 개발돼요.

첫째, 관심과 애정을 표현하는 질문

누군가에게 안부를 묻고 질문하는 것은 상대방에게 관심이 있다는 표현이에요. 관심 어린 질문은 주로 마음과 감정, 존재, 신앙과 같은 being에 관한 질문이죠. "오늘 기분 좀 어때?", "학교에서 힘든 일 없었어?", "아들, 오늘 왜 이렇게 멋있지? 오늘 좋은 일 있어?", "오늘 설교 시간에 하나님이 뭐라고 하셔?"

그런데 의외로 우리가 자녀에게 던지는 질문은 태도와 행동, 성적, 성과 같은 doing에 관한 질문이 대부분이에요. "숙제 다 했어?", "빠뜨린 거 없지?", "엄마가 말한 거 까먹지 않았지?" 이런 질문은 관심과 애정이 아니라 지적과 평가의 질문이죠. 자녀와의 관계에 악영향만 끼칩니다.

심지어 신앙에 대한 질문도 평가나 지적하는 질문이 더 많아요. "성경 읽었어?", "교회 늦지 않았지?", "설교 시간에 또 졸았어?" 이런 질문은 자녀의 신앙을 율법적인 신앙으로 만드는 지름길이니 오늘 이후로 절대 사절이에요.

둘째, 상대방을 존중하는 질문

우리는 대화할 때 상대방의 말에 귀 기울이기보다 내

가 하고 싶은 말을 많이 하는 경향이 있어요. 내 이야기를 상대방이 잘 들어주면 땡큐, 거기에 격하게 반응까지 해주면 엄지척하겠죠.

그런데 질문은 내 의견과 생각보다 상대방이 자신의 생각과 의견을 말할 수 있는 기회를 제공해요. 그리고 그 대답을 경청해 주기까지 합니다.

◆ **실습 영상보기**

"유대인 부모가 12살 자녀에게 던진 놀라운 질문"

자녀에게 던지는 유대인 부모의 질문과 나의 질문에 어떤 차이가 있는지 적어보자.

_____

_____

셋째, 자신의 문제를 스스로 깨닫게 하는 질문

예를 들어 똑똑한 부모들은 아이보다 한발 앞서서 가르치려 들어요. 아이가 물을 쏟았어요.

"엄마, 물 컵 또 쏟았어…"
"으이그 왜 그랬어?! 엄마가 조심하랬잖아!"

엄마는 버럭 화를 내며 가르칩니다.

"이렇게 자꾸 쏟으면 마룻바닥이 어떻게 되겠어? 다 썩겠지? 그럼 비싼 돈 들여 마루 갈아야 하잖아. 그러니 항상 조심해야해, 알겠지?"

이런 말은 아이의 존재보다 마루가 더 중요하다는 암묵적인 메시지를 아이에게 심어줘요. 아이의 자존감을 바닥으로 떨어뜨리는 최악의 메시지에요. 하지만 지혜로운 부모는 아이가 스스로 알아가도록 절대 앞서가지 않아요. 답을 가르쳐주는 것이 아니라 질문을 던집니다.[54]

"괜찮아. 엄마도 가끔 물 쏟아."

엄마는 차분하지만 아이의 감정에 집중하며 말한다.
"우리 아들, 왜 자꾸 물을 쏟는 걸까?"
"글쎄… 아마 내가 컵을 들고 딴 생각을 자꾸 하나봐."

---

54) 엄마의 하브루타 대화법 (위즈덤하우스, 2019) 34.

"그래? 무슨 생각을 그렇게 해?"

"요즘 생각이 좀 많아… 물 마실 때는 생각을 멈춰야겠어."

"그래 좋은 생각이야. 혹시 고민이 있으면 엄마한테 언제든지 말해"

엄마의 질문 두 번 만에 아이는 스스로 해법을 찾았어요. 자존감도 살렸구요. 이런 엄마가 진짜 고수 엄마예요.

### ◆ 적용 질문

나는 평소에 열린 질문 또는 존재(bneing)에 관한 질문을 많이 하는가? 닫힌 질문 또는 행위(doing)에 관한 질문을 많이 하는가?

# 교회생활이 어려운 중3 아들과의 데이트

인스타 지인 김익환 목사가 포스트 한 글이, 사중구조 '모임'에 해당하는 대화식 예배의 좋은 사례라서 허락 맡고 공유해 봅니다. 중 3이 된 아들이 친구 하나 없는 교회를 다녀야 하는 게 쉽지 않았나 봅니다.

"몇 주 전, 단둘이 식사하고 카페로 옮겨 대화를 나눴다. 자신의 힘겨움에 대해 말하다 아들은 눈물을 쏟았다. 마음이 아렸다. 내 신앙 이야기를 들려주며 기독교 신앙을 사랑하는 아들에게 전하고 싶은 아빠의 심정을 헤아려 달라고 부탁했다.

주중에 나와 함께 만나 시간을 보내며 천천히 기독교 신앙에 대해 알아가 보자고 했다. 아들은 썩 내키지는 않지만 그나마 그게 낫다고 내 제안을 수락했다.

지난주 첫 만남에는 서로에게 묻고 싶은 질문 세 가지를 적어보았다. '지금까지 아빠와 보낸 시간 중 가장 좋았던 기억은?', '하나님이 원하는 소원을 들어준다면?', '과거를 되돌릴 수 있다면 되돌리고 싶은 행동, 사건은 무엇인가?'에 대해 내가 물었고, 아들은 내게 '역대 최고 가수가 누구?', '지금까지 살던 곳 중 가장 좋았던 곳?', '인생 책은?'을 물었다.

당근 마켓에 아들이 좋아하는 Harry Styles의 LP가 올라와 있길래 구입해 어제저녁 아들에게 선물해 주면서 오늘 만남을 위한 미션을 전달했다.

'너의 인생 이야기가 담긴 노래 두 곡과 서로에게 들려주고픈 노래'

우리는 오늘 저녁, 음악으로 만날 예정이다. 다음 주에는 함께 영화관에 가려고 한다. 그리고 머지않아 기독교 신앙에 대해서도 이야기 나눌 시간을 천천히 가져보려한다. 아들과 함께하는 화요일 밤이 우리의 우정을 더 단단하게 만들어주면 좋겠다. 무엇보다 아들에게 하나님 사랑이 전해지는 시간이 될 수 있길 바라며 간절히 두 손을 모은다."[55]

자녀를 위해 이 정도의 인격적인 배려와 관심을 갖는 아빠라면 이 아이는 웬만해서는 신앙을 떠나지 않을 것 같아요. 아니, 틀림없이 이 아들은 아빠의 인생과 생각, 고뇌와 신앙에 대해 관심을 갖고 아버지를 넘어 인생의 동반자 같은 관계로 평생 이어질 것 같은 예감이 들고, 실제 그렇게 되기를 응원하게 됩니다.

사실 오늘의 한국 사회는 부모와 자녀가 함께 여유를 갖고 대화할 수 있는 시간을 내기가 쉽지 않은 구조예요. 안타깝지만 이것이 현실이지요. 하지만 대한민국은 회복 탄력성이 아주 강한 나라예요. 어떤 위기도 반드시 극복해 내고야 마는 강인한 민족입니다. 자녀의 입장을 이해하고 배려하며 기도하는 부모들이라면 신뢰 관계와 친밀감은 반드시 회복될 것이고,

---

54) 인스타그램 @1913funny (2023년 3월 14일 올린 글)

인구절벽의 위기는 반드시 극복될 거예요.

## ◆ 꿀팁

혹시 사춘기 자녀가 가정 예배드리는 것을 꺼린다면, 먼저 '모임'부터 시도해 보세요. 모임의 예배는 자녀와 서로를 알아가고 친밀한 관계를 회복하는 것이 일차적인 목표예요. 엄마 또는 아빠와 둘만의 데이트를 주 1회, 또는 2주에 한 번 시도해보세요. 장소는 집이나 카페, 공원, 식당, 영화관 등 그때그때 다를 수 있어요. 장소는 웬만하면 아이가 원하는 곳으로 함께 상의해서 정해 보세요.

모임 때마다 특정 주제를 정하는 것이 좋아요. 아무런 준비도, 주제도 없이 만날 경우 시간이 무료해질 수도 있어요. 미리 어떤 대화를 나눌지, 어떤 영화를 보고, 어떤 추억을 쌓을지 자녀의 의견을 묻고 함께 만남을 준비해 보세요. 이 단계가 어느 정도 진전되면 서로의 신앙에 대해, 인생 고민에 대해 마음을 열고 대화하게 될 거예요.

이런 데이트 자체가 삶의 예배임을 잊지 마세요. 이때 중요한 것은 신앙적 대화 이전에 부모와 자녀 간의 신뢰가 쌓이는 것이 더 중요해요. 친밀한 관계가 회복되면 자녀는 자연스레 신앙에 대한 고민과 질문을 하게 될 거예요. 그때 다음 단계인 '말씀의 방'으로 자연스레 연결될 수 있어요.

# 하브루타 가정예배 십계명

## 말씀 대화

대화식 가정예배는 하브루타로 드리는 예배예요. 하브루타를 이 땅에 확산시킨 전성수 교수가 탈무드 논쟁 원리를 적용해서 만든 하브루타의 기본원리[56]를 토대로 가정예배 버전의 하브루타 원리를 만들어보았어요. 10가지를 찬찬히 살펴보세요. 하브루타는 단순한 질문법을 넘어 관계, 배려, 청종, 공감, 격려, 눈높이 등 하나의 종합적인 소통 문화임을 알 수 있어요.

### 1. 질문과 친해지라

부모도 자녀도 질문과 친해지려면 기초적인 연습이 필요해요. 성경에 대해 질문하고 토론할 때 도움이 되는 가

---

56) Ibid,, 296.

장 일반적인 질문방식은 내용 질문, 상상 질문, 적용 질문을 활용하는 거예요.

내용 질문은 단어나 문장, 문맥의 의미나, 본문이 처한 문화적, 환경적 배경에 관한 질문이에요. 상상 질문은 이해된 본문의 이면에 대해 상상하는 질문이에요. 주인공이나 하나님, 예수님의 감정, 기분, 의도 등을 추측하거나 상상해 보는 질문이에요. 적용 질문은 자기 삶에 어떻게 반영하고 실천할지에 대한 질문입니다.

## 2. 틀린 답을 교정하지 말라

아이의 입에서 잘못된 답이 나와도 틀렸다고 지적하지 마세요. 넉넉하게 수용해 줌으로써 부모가 자신의 의견을 잘 수용해 준다는 안정감을 느끼게 해주세요. 그래야 자신감을 갖고 계속해서 질문을 하게 될 거예요.

정답을 바로 알려주지 마세요. 부모가 원하는 답이 나오지 않아도 괜찮아요. 자녀 스스로 답을 찾아갈 때까지 질문에 질문의 꼬리가 이어지게 하세요.

## 3. 검색을 활용하라

하브루타를 하기 전에 그날 다룰 성경 본문, 동화, 스토리의 배경이나 흐름, 주제에 대해 충분히 이해하도록 도와주세요. 말씀으로 토론하는 과정에서 아이가 모르는 단어가 나오면 바로 알려주지 말고, 인터넷 검색으로 단어의 뜻을 함께 찾아보세요. 요즘 아이들은 영상에 많이 노출되어 있어서 어휘력이 낮다는 점을 유념하세요. 단 다른 사이트로 빠지지 않도록 잘 가이드해주세요.

## 4. 창의적 사고를 권장하라

지식을 기억하고 아는 것보다 중요한 것은, 아이의 뇌를 자극해서 논리적인 생각과 창의적인 사고력을 키우는 것이에요. 창의력이란 다르게 생각하는 힘입니다. 즉, 주어진 문제를 다양한 관점과 견해로 보는 열린 시각이에요.

유대인 100명이 토론하면 100가지의 답이 나온다고 해요. 그만큼 하브루타는 현상을 보는 한 가지의 옳은 방

법보다 수많은 관점이 존재한다는 것을 알게 해줘요.[57]

말씀을 볼 때 닫힌 사고, 고정관념에 갇힌 사고로 접근하면 율법적으로 빠질 수가 있어요. 열린 질문, 열린 사고로 본문에 대한 다양한 질문을 던질 때, 말씀의 본질을 깨닫게 되고, 하나님의 뜻이 더 명확하게 드러나는 경우가 많았어요.

## 5. 눈을 보고 대화하라

많은 육아전문가가 자녀와 대화할 때 아이의 눈을 봐야 한다고 강조한다. 눈을 보는 이유는 내 메시지를 주입하기 위함보다 내 말을 들은 아이의 눈에 표현되는 감정의 반응을 보기 위함이다. 사람의 눈에는 희로애락의 모든 감정이 담겨 있다. 눈을 똑바로 보지 않고 대화한다는 것은, 한 마디로 상대방의 감정이나 마음에 관심이 없다는 뜻이다.

신의진 교수는 감정에 둔감한 부모는 아이의 정서와

---

57) 전성수, 자녀교육 혁명 하브루타, 153. Nancy Fuchs-Kreimer & Nancy H. Wiener, Judaism for Two: A Spiritual Guide for Strengthening and Celebtatin Your Loving Relationship (Woodstock Vermont: Jewish Lights Publishing, 2005), 7-8. 재인용.

마음을 헤아리기보다, 통제하는 데만 급급하다고 했다. 예를 들어, 아이가 퍼즐을 갖고 놀라고 하면, "너 이거 쏟 으면 혼날 줄 알아" 하며 겁을 준다. 아이가 계속 특정 장 난감만 갖고 놀면 "이것만 하면 어떡하니. 다른 것도 해 야지" 하며 그 장난감을 치워버리고 엄마가 원하는 놀이 를 강제로 하게 한다[58]는 것이다.

이렇게 통제당하고 혼나는 아이의 눈빛은 어떤 모습일 까? 초롱초롱하게 빛나야 할 눈망울은 사라지고, 두려움 과 겁에 질려 한없이 움츠러든 가여운 눈 아닐까? 자녀 의 눈빛과 감정에 관심 없는 부모는 자신의 감정도 잘 모 른다. 그런 사람은 "세세한 감정의 결이 없어서 다른 사 람의 감정을 읽지 못하고 배려하고 맞춰주는 법을 모른 다."[59]

## 6. 구체적으로 칭찬하라

아이의 대답 중에 좋은 내용, 창의적인 내용, 남다른 발견이 있으면 그냥 넘어가지 말고 꼭 칭찬하세요. 이때

---

58) 신의진, 현명한 부모가 꼭 알아야 할 대화법, 48
59) Ibid., 49.

"우리 아들 질문 참 잘한다"와 같이 막연한 칭찬보다는 "그 질문은 본문을 해석하는 데 결정적인 역할을 하는 좋은 질문이야"와 같이 구체적인 근거를 들어 칭찬해 주세요. 구체적인 칭찬은 아이가 쓸데없는 자만심에 빠지지 않게 해주고, 칭찬받은 내용을 더 발전하게 하는 디딤돌이 되어요.

## 7. 진도보다 심도를 추구하라

하브루타는 양보다 질이, 속도보다 방향이 중요해요. 많은 내용과 주제보다는 한 주제나 짧은 말씀을 갖고 깊이 있고 길게 토론하는 것이 좋아요. 어린아이라도 그 또래의 관심사나 쟁점을 찾아서 질문하고 토론해 보세요.

고학년인 경우 논쟁도 시도해 보세요. 이때 서로 의견이 다르다고 상처받을 필요 없다는 것을 알려주세요. 나와 생각이 다르다고 상대를 인신공격하는 태도는 미성숙한 행동이니, 토론과 논쟁할 때는 치열하게, 끝나면 화목하게 행동하도록 자녀를 코칭해주세요.

## 8. 눈높이에 맞추라

대화식 가정예배를 드릴 때 반드시 유념해야 할 부분은 아동 발달단계에 맞는 접근이에요. 이제 5~6살 아이에게 논리적인 사고를 강요하거나, 고등학생에게 너무 쉬운 주제로 대화하는 것은 흥미를 잃게 할 수 있어요.

하지만 어린아이에게 이해하기 어려운 내용이라도 쉬운 단어와 문장으로 질문해서 아이의 생각의 근육을 키워주고, 최대한 이해할 수 있도록 도와주세요. 마찬가지로 고학년 자녀에게도 모두가 아는 뻔한 주제나 이야기에 대해 다른 각도와 새로운 접근으로 생각할 수 있는 창의적이고 열린 사고를 계발해 주는 것도 필요해요.

## 9. 시간을 확보하라

일상의 삶 속에서 벌어지는 다양한 일과 사건에 대해 가볍게 하브루타 하는 것도 필요해요. 하지만, 대화식 가정예배 같은 정해진 시간 속에 충분한 여유를 갖고 하브루타 하는 것이 말씀을 깊이 이해하고, 서로를 더 알아가며, 하나님의 임재를 경험하는 데 훨씬 효과적이에요.

## 10. 원칙은 반복해서 다루라

성경적으로 꼭 가르쳐야 하는 원칙이나 가치관은 질문과 대화를 통해 분명하게 인지하도록 도와줘야 해요. 중요한 주제일수록 반복해서 질문하고 대화하고 토론하는 것이 좋아요.

이상의 열 가지 원리는 대화식 가정예배의 실전에 꼭 필요한 기본원리예요. 습관이 될 때까지 반복해서 연습할 필요가 있어요. 질문 중심의 대화기술에 관한 한, 마치 숙련된 장인처럼, 자신의 것으로 장착하기를 권면합니다.

# 말씀 앞에 스스로 직면하기

대학 4학년 때, 캠퍼스는 민주화 운동으로 연일 최루탄 가루가 가득했고, 내면은 육적 자아와 영적 자아의 갈등으로 지쳐 갔어요. 그러던 어느 날 아침, 다윗이 쓴 시편 62편을 묵상하는 중에 1절이 클로즈업되어 제 영혼을 뒤흔들었어요.

나의 영혼이 잠잠히 하나님만 바람이여 (시62:1)

수천 년 전 다윗의 고백이 그날 아침 살아서 제 영혼을 강타했어요. 문득 하나님 외에 너무 많은 것에 마음이 기울어져 있는 제 내면을 발견했어요. 이 시는 평화로운 일상 속에서 흘러나온 고백이 아니라 코앞에 다가오는 죽음의 위협 속에 터져

나온 부르짖음이었어요.

나의 영혼아 잠잠히 하나님만 바라라 대저 나의 소망이 저로 좇아 나는도다 (시 62:5)

강렬한 말씀의 빛이 마치 백주 대낮 거리에 벌거벗은 몸으로 선 것처럼, 하나님보다 다른 것에 마음을 빼앗긴 제 부끄러운 실체를 온 천하에 드러내는 것 같았어요. 눈물로 회개하며 말씀 앞에 항복했을 때 영감이 떠올랐고. 불과 10여분 만에 '오직 주만이'라는 곡이 탄생되었어요.

작곡을 전공하지도 않은 제가 쓴 곡을 통해 지난 40년 가까이 수많은 사람이 하나님을 만났고, 하나님을 예배하는 곡으로 쓰임을 받고 있어요. 우리의 심령이 하나님의 말씀을 정직하게 대면하고, 그 말씀의 빛 앞에 자아가 드러날 때, 진리의 검은 우리의 영혼을 정결케 하고, 새로운 영감으로 가득 차게 해줘요. 그 결과 내가 보기에는 자신의 달란트가 아무리 작고 보잘것없어 보여도, 하나님은 그 은사로 수많은 사람을 살리는 축복의 도구로 사용하세요.

그래서 대화식 가정예배가 추구해야 할 궁극의 목표는 부모와 자녀가 살아있는 하나님의 말씀 앞에 직면하는 거예요. 하브루타는 이 말씀을 대면케 하는 최고의 도구이고요. 사춘기 청소년은 불가능하다고요? 한때 하브루타선교회 대표로 섬겼던 이익열 목사가 아들과 탈무드, 일반도서, 시사, 뉴스 등 다양한 자료로 하브루타를 시도했다고 해요. 아들은 이 모든 것을 재미있어했지만, 정작 자신을 변화시킨 것은 말씀이었다[60]고 고백했어요. 성경은 사춘기 청소년들에게도 여전히 역동적인 변화를 일으키는 살아있는 말씀이에요.

성경은 지금도 살아 역사하시는 하나님의 말씀이에요. 그러므로 자녀를 하나님의 성품으로 양육하는 가장 좋은 방법은 자녀 스스로 말씀의 권위 앞에 직면하도록 도와주는 거예요. 하브루타만큼 스스로 말씀에 직면케 해주는 대화 도구는 없어요.

---

60) 하브루타선교회, 실전! 교회 하브루타, 27.

# 3주 차 토론

기도 후 아래 질문에 대해 자유롭게 토론한다.

1. 안식에 관한 2편의 글에서 내게 가장 다가오는 내용은 무엇이었나?

2. 삶의 예배의 첫 단추는 입술을 회개하는 것이라고 했다. 왜 이것이 중요한가?

3. 나의 언어습관은 득이 되는 언어인가 독이 되는 언어인가?

4. 한 주 동안 나-메시지, 좋은 질문, 열린 질문, 감정언어, 8:2 룰, 또는 득이 되는 대화를 나눈 적이 있는가?

5. 나는 질문을 잘하는 편인가? 어려워하는 편인가? 왜 그렇다고 생각하는가? 개발해야 할 부분은 무

엇인가?

한 주 동안 묵상 메모했던 내용, 적용 질문에 답한 내용 중에 나눌 부분을 나누고 기도로 마친다.

# 4주

## 대화식 예배를 위한 실내장식

"항상 배우고 가르치지 말라"
Always learn, never teach.

– 아메리카 원주민 격언

# 4주 차의 의도

4주 차는 외벽까지 세운 예배의 집 안에 실내장식을 하는 주다. 이번 주는 주로 방법론을 다루다 보니 내용이 조금 길다. 키워드는 가족회의, 밥상머리, 말씀 대화/일상대화, 내면의 토대 형성, 왕성한 호기심, 신앙전수 황금기/충동기다.

가정예배 실전은 일주일에 한 번 가족이 모여 식사부터 대화와 말씀/일상 토론까지 2~3시간 넉넉하게 갖는 대화식 예배를 기준으로 제안한 내용이다.

이번 한주는 부부가 먼저 가정예배의 준비부터 실행까지 모의 실습을 해본다고 생각하라. 본문의 내용과 실제 우리 가정의 상황이 다를 수 있다. 하루하루 내용을 부부와 함께 잘 상의해서 정하라.

12일 차에서 어느 정도 작성한 예배 코드를 기본으로, 연구소가 제안하는 8가지 코드를 참고하라. 아울러 자녀의 발달단계별 예배 코드 예시까지 참고해서, 우리 가정에 가장 적합한 예배 코드를 만들어보라. 우리 가정에서 가능한 것부터 선택하면 쉽게 시작할 수 있다. 가능하면 시작은 단순하게 하라.

이제, 마지막 주다. 고고!

# 예배 준비는 가족과 함께

## 가족회의

해마다 크리스마스 시즌이 오면 자녀와 함께 깊이 보관해 놓은 트리를 꺼내 장식하곤 했어요. 대화식 가정예배도 가능하면 가족 모두가 기대하는 시간, 맛있는 만찬과 다과를 나누는 시간, 기쁨과 즐거움이 있는 시간이 되도록 구성원 전체가 함께 만들어가는 것이 좋아요. 일주일에 하루, 온 가족이 대화의 천국을 맛보고, 하나님의 임재가 있는 거룩한 순간을 경험하며, 말씀 안에서 회복되는 시간이에요

부모는 이 시간만큼은 절대 자녀를 혼내거나, 잔소리하거나, 어떠한 부담도 주지 않도록 해야 해요. 그 대신할 수 있으면 어떤 주제라도 자유롭게 대화하고 토론할수 있는 분위기, 밝고 은혜가 흐르는 축제의 시간이 되도

록 노력해 보세요. 대화하는 가정 문화가 잘 정착된다면 사춘기 자녀라 해도 이 시간만큼은 기대하게 될 거예요.

## 가족회의

시작하기 전에 자녀들에게도 왜 밥상머리 대화식 가정예배를 하려고 하는지 가족회의를 하는 것이 좋아요. 이때부터 일방적으로 결정하거나 강요하지 말고 아이들과 대화하고 질문과 토론을 통해 설득해 보세요.

"얘들아, 아빠가 진짜 재미있는 가정예배를 알게 됐어. 맛있는 밥도 먹고, 휴식도 하는 패밀리 타임이야. 성경에 대해 무슨 질문도 다 받아주고, 한 주간 있었던 일에 대해 자유롭게 토론도 하는 예배야. 이런 예배에 대해 너희는 어떻게 생각해?"

아이들은 가정예배라는 말에는 기존의 주일예배가 떠올라 반가워하지 않을 수도 있어요. 영아 때부터 드려온 아이에게는 전혀 문제가 되지 않을 거예요. 하지만 초등학생 나이만 돼도 벌써 자의식이 생깁니다. 절대로 성급하게 밀어붙이지 마세요. "하나님께 예배드리는 일이니 무조건 아빠 말에 순종하고 따라와야 해"라고 말하는 순간 아이들의 마음은 얼음장처럼 차가워질 거예요.

전혀 경험해 보지 않은 새로운 예배이기에 다양한 질문이 나올 수 있어요. 그럴 때 지금까지 다룬 내용을 장황하게 설명할 필요는 없지만, 이것 하나만 분명히 하면 돼요. 가정예배는 주일예배 축소판이 아니라는 점. 일상에서 식사하고 대화와 토론하며 드리는 삶의 예배라는 점이에요.

### ◆ 꿀팁

가정예배는 주일예배가 아니라 '삶의 예배'라는 점을 나눠보라. '일상의 삶이 하나님께 드리는 예배'(롬 12:1, 2)라는 주제로 자녀들과 열린 토론을 해보는 것도 좋다.

대화식 가정예배 명칭도 자유롭게 정해보라. '대화식 가정예배'가 길면 '대가'로 줄이라. '패밀리 타임', '가족예배', '가족 만찬', '식탁 예배' 등 부르기 편한 용어를 정하라.

## 시간 확보

가족 모두 정기적으로 함께 모일 수 있는 시간을 확보하는 것이 중요해요. 어쩌면 바쁜 우리 사회에서는 일주일에 한 번 가족 식사 자리를 만드는 것부터 걸림돌이 될 거예요.

이민자들은 서구 문화 자체가 가족 중심으로 돌아가니 상대적으로 쉬울 수도 있어요. 하지만 예기치 않은 일정 때문에 약속 시간에 못 모일 수도 있고, 당일 일정이 빡빡하고 피곤해서 예배를 취소해야 하는 경우도 생겨요. 이런 사소한 일들로 서로 마음 상하고 말다툼까지 벌어질 수도 있음을 예상해야 해요.

대안은 융통성과 배려입니다. 가족 모두가 새로운 예배를 시작하는 상황이라 익숙하지 않을 것을 염두에 두세요. 그동안 살아온 생활 습관을 하루아침에 바꾸기도 쉽지 않다는 것을 이해하세요. 중요한 것은 서로를 존중하고 융통성 있게 배려하는 마음이에요. 지키지 못한다고 잔소리하거나 혼내는 분위기는 절대 금물입니다. 아이들에게 생소한 대화식 가정예배가 잘 정착되려면 시간이 걸린다는 것을 염두에 두세요.

가능하면 다른 날보다 여유 있는 토요일이나 주일 저녁이 좋아요. 주말에 밀렸던 드라마, 영화 보고, 친구들과 게임도 하고 싶지만, 그보다 몇십 배 중요한 것이 가족과 함께 보내는 시간임을 가족 모두가 인지하는 것이 필요해요.

### ◆ 꿀팁

먼저 가족과 합의된 하루를 정하세요. 처음엔 식사 30분, 식후 30분으로 시작한다. 차츰 익숙해지면 식사 1시간, 식후 2시간, 총 3시간으로 늘려도 좋다. 예배 모임이 잘 정착되면 너무 재미있어서 그 시간도 모자랄 수 있다. 이 시간만큼은 TV, 인터넷, 숙제, SNS, 전화(아주 긴급한 상황이 아니면 외부 전화나 메신저, 카톡)까지 모두 꺼놓기로 합의한다. 왜 그래야 하는지도 충분한 대화와 소통을 통해 합의를 보라. 자녀들과 상충하는 의견을 지혜롭게 조율하는 것 자체가 삶의 예배임을 잊지 말라.

급한 연락이 오면 가정예배, 또는 패밀리 타임만큼 급한 것이 없다고 단호히 말하라. 무엇으로부터도 방해받지 않고, 서로에게 집중하고 대화에 몰입할 수 있는 안전지대를 가족 모두가 함께 만들라. 안식일을 지키라는 하나님의 명령을 기억하라. 우리가 안식을 지키는 것이 아니라 안식이 우리 가정을 지켜준다.

## 가구배치 funiture

서로 마주 보고 대화하는 가정 문화를 만들려면 식탁이나 거실의 가구 배치부터 신경 쓸 필요가 있어요. 특히 신앙이 자연스럽게 형성되는 영유아와 유년기에는 가능하면 최대한 미디어로부터 자녀를 분리하는 노력도 필요해요.

유대인은 안식일에 아예 모든 미디어로부터 단절된 24시간을 보내요. 그런 시간이 당장은 힘들고 고통스럽겠지만 오히려 심심한 시간 때문에 책도 많이 읽고, 생각도 많이 해서 창의적인 민족으로 거듭나게 해준 거예요.

## ◆ 꿀팁

거실에 TV 대신 아이들이 쉽게 책을 읽을 수 있도록 책장을 배치해 보자. 최대한 대화를 편하게 나눌 수 있는 환경을 만들자.

## 서약서 pledge

유대인 부부는 결혼할 때 랍비로부터 받은 결혼 언약서를 거실의 잘 보이는 곳에 걸어둔다고 해요. 매일 보며 부부 관계를 돈독하게 하려고 노력하죠. 이처럼 자녀들과 함께 서약서를 만들어 가족 모두 사인하고 눈에 띄는 곳에 걸어두세요. 서약서 샘플은 부록에 있어요.

## ◆ 꿀팁

서약서 이름은 '식탁 예배 서약서', '가족의 밤 Family Night 서약서', '가정예배 서약서' 등 어떤 명칭도 좋다. 모이는 요일과 시작 시간과 마치는 시간까지 적어두는 것이 좋다. 마지막으로 가족 모두 서명란에 사인을 한다. 가족이 함께 지킬 수 있는 약속을 정하고 그것을 지키려고 노력하는 것만으로도 그 가족은 건강하고 행복한 가정이 된다.[61]


## 임재 의식 presence

대화식 가정예배는 단순히 가족과 함께 하룻저녁을 대화하며 즐겁게 보내는 시간이 아니에요. 성도 안에 내주하시는 성령님을 환대하고, 가정의 주인으로 인정하여 예배의 가장 좋은 자리에 초대하는 임재 의식을 가족 모두가 경험하는 시간이에요. 유대인 안식일 만찬을 직접 경험한 최명덕 교수는, 유대인은 안식일을 마치 여왕을 가정에 초대하는 시간으로 여긴다고 했어요.

"아무리 가난한 집이라도 평화가 흐르고 축복이 넘치는 궁전 같은 분위기로 휩싸인다. 여왕이 있는 곳이 궁전이기 때문이다."[62]

---

61) 이대희, 유대인의 밥상머리 자녀교육법, 66-7.66-7.
62) 최명덕, 유대인 이야기, 126.

가정은 작은 성소예요. 성령님이 함께하시죠. 성령은 하나님의 영이니, 여왕과 비교할 수 없는 우주의 왕이세요. 그런 하나님을 가정의 왕으로 모시는 시간이에요. 그러니 어떤 집이라도 왕의 영광이 가득하고, 진정한 평화와 샬롬의 기운이 지배하며, 복의 근원이신 하나님의 풍요와 구원이 임하는 시간이에요. 자리는 우리가 준비하지만, 실은 하나님께서 우리를 위해 마련하신 은혜와 안식의 자리에요.

### ◆ 꿀팁

자녀에게 이런 배경을 설명한다. 우리의 친구가 되어주신 우주의 왕을 초대하는 시간이니, 최소한의 준비를 함께하자고 권면한다. 집 청소, 편하고 단정한 옷, 식탁 정돈, 향수 촛대(디퓨저), 좋은 그릇 그리고 맛있는 음식을 차리면 준비는 끝난다. 가족이 하나씩 역할을 분담해서 준비하기를 추천한다.

## 식탁 준비 table preparation

메뉴는 이날만큼은 자녀가 좋아하는 음식으로 준비하는 것이 좋아요. 가능하면 엄마나 아빠가 일주일 중에 가장 맛있는 음식으로 직접 요리한다면 더할 나위 없이 좋겠죠.

일반적으로 가족보다 손님에게 더 좋은 그릇, 더 좋은 음식을 대접해요. 하지만 일주일에 한 번은 가장 소중한 가족을 위해 최고의 그릇으로 가장 맛있고 풍성한 식사 시간을 갖기를 추천해요. 그럴 때 가족의 일원은 자신이 존중받고 있다고 느낄 거예요. 상황이 안 될 때는 저녁을 가볍게 먹고, 말씀 대화하는 데 집중할 수도 있어요.

SBS 다큐멘터리에서 아들 셋, 딸 둘 청소년을 키우는 한 가정이 '가족의 밤'을 매주 실천하는 모습을 흥미롭게 보았어요. 식사 준비할 때 가족 모두가 각기 자기 역할이 있었어요. 공부와 숙제, 일과 때문에 바쁜 중에도 가족의 밤에 맡은 역할을 위해 최대한 자신의 일을 끝내는 모습이 기특했어요. 큰아들은 엄마와 장을 보고, 막내는 청소하고, 둘째, 셋째, 넷째 모두 자기 역할을 불평 없이 감당

했어요. 특히 회사 일이 아무리 바빠도 이날만큼은 일찍 끝내고 들어와서 함께 준비하는 아버지의 모습이 인상 깊었어요.

### ◆ 꿀팁

대화식 가정예배를 준비할 때 엄마 혼자 모든 것을 다 하려고 하지 말라. 엄마 혼자 하면 더 편하고 효율적일 수도 있지만 자녀는 소극적으로 된다. 다 함께 작은 부분이라도 함께 분담할 때 각 가족 구성원 사이에 팀워크가 형성된다. 그럴 때 더 주체 의식을 갖고 참여하게 된다.

### ◆ 적용

패밀리 회의를 열고 아래 리스트를 상의해 보자.

✓ 대가 이야기 '10년의 시나리오'를 함께 읽는다.

✓ 준비할 것들 나누기

✓ 시간 정하기

✓ 가족 구성원 각각의 역할 정하기

✓ 서약서 제작

# 온 가족이 꾸미는 만찬 예배

## 식탁머리

연구소가 추천하는 대화식 가정예배의 여덟단계 예배 코드를 제안하려고 해요. 오늘은 그중에 모임에 해당하는 다섯 가지만 나눕니다.

예배 코드

**모임-구제/촛불점화/축복/식사/암송**

**G-O/C/BI/T/M**

### 첫째, 구제하기 Offering (O)

아이들이 용돈을 받기 시작할 때부터 구제를 시작해 보세요. 구제를 가정에서 훈련하는 것이 유익한 이유는 아이들이 가장 사랑하는 부모의 태도로부터 가장 큰 영향을 받기 때문이에요. 그럴 때 일찍이 남을 돕는 습관이 자연스럽게 몸에 배게 됩니다.

구약에서는 구제를 선행의 차원에서 다뤄요. 하지만 예수님은 마태복음 가난하고, 병들고, 헐벗은 자들을 구제하는 행위가 단순한 선행을 넘어 자신을 선대한 자로 여기셨어요.(마 25:34) 즉, 가난한 자를 돕는 구제 자체가 예수님의 마음에 합한 믿음의 행위요 삶의 제사라는 거에요. 일주일 동안 모은 돈을 구제함에 넣어요. 구제함이 차면 어떤 방식으로 사용할지에 대해 아이들과 함께 결정하세요.

### ◆ 꿀팁

유대인이 사용하는 총 여덟 단계의 구제 방법을 가족과 나눠 보라. ☞ 단행본 〈대화식 가정예배〉 205 참조

아이들과 구제함을 함께 만들어도 좋다. 자녀들에게 가난한 자를 돕는 것은 삶의 예배임을 알려주고, 구제하는 이유와 기준, 방법을 주제로 토론한다. 마태복음 25장 31~46절을 함께 읽고 토론하는 것도 좋다.

## 둘째, 촛불점화 Candle (C)

촛불점화도 예배 코드의 다양한 경우의 수 가운데 하나예요. 개신교는 예배에서 오감의 요소가 상징하는 경이로움, 경외감, 초월적인 것을 많이 제거해 버렸지요.[63] 연구소에서 추천드리는 이유는 오감을 사용하는 예배는 하나님을 전인적으로 경험하게 도와주기 때문이에요.

유대인은 안식일 만찬을 시작하기 직전에 촛불을 켜요. 이는 '평일과 안식일을 가르는 빛, 일과 휴식을 가르는 빛, 염려와 평화를 가르는 빛, 세속과 거룩을 가르는 빛'[64]을 상징하지요.

개신교도 예배 때 종종 촛불을 사용해요. 촛불은 빛 되신 예수께서 우리와 함께하신다는 사실을 상징하는 좋은 도구예요. 또한 자신을 태워서 어둠을 밝히신 예수님의 삶을 묵상하는 데 좋은 재료이고요.

식탁에 촛불을 켜고 향수를 피웠을 때 모임의 분위기

---

63) 댄 킴볼, 하나님께서 영광 받으시는 고귀한 예배, 주승중 역 (이레서원, 2008), 112.
64) Ibid., 128.

가 훨씬 차분하고, 아늑하고, 성스럽고, 집중되는 장점이 있어요. 나아가 자녀들에게 촛불을 켜고, 향수를 피우는 성경의 근거를 나누고 토론할 때, 아이들은 이 사소하고 상징적인 행위 하나로, 오감을 통한 하나님과의 만남을 경험하는 놀라운 시간이 될 수도 있어요.

### ◆ 꿀팁

향에 대한 성경적 근거를 자녀들과 나눠보라.

☞ 단행본 〈대화식 가정예배〉 206 참조

초는 일반적인 양초보다는 예배용 향초, 묵상하는 데 도움이 되는 말씀 캔들이나 LED 양초, 무드등[65], 캘리그래피 말씀 양초, 따뜻하고 은은한 향기를 주는 향초를 사용할 수 있다.

---

65) 갓피플몰에서 구입 가능.

## 셋째, 축복하기 Blessing (Bl)

식사 전에 잠시 아빠가 엄마를 축복하고 자녀를 한 명씩 축복하는 시간을 반드시 갖기를 권면해 드려요. 축복할 때는 일반적인 기도의 마무리에 사용하는 "예수님의 이름으로 기도합니다. 아멘"을 사용하지 않아도 돼요. 축복의 성격 때문이에요. 축복하기는 3분도 안 걸리는 짧은 시간이지만, 매우 강력한 영향을 주는 시간이에요.

기도 형식으로 해도 좋고, 눈을 뜨고 한 명 한 명을 축복하는 방식도 좋아요. 이 시간을 통해 아버지의 영적 권위가 자연스럽게 세워져요. 우리 가족에게 맞는 축복기도문을 적어 놓고 반복해서 축복하는 것도 좋아요. 먼저 잠언 31장을 참고해서 아내를 향한 축복문을 현대적으로 써보았어요.

"하나님께서 세우시는 현숙한 여인, 그녀는 수십 개의 명품보다 귀하다. 그런 여인의 남편은 아내의 존재만으로도 깊은 영혼의 안정감을 누린다. 그런 여인은 일평생 남편에게 선을 행하고, 해를 끼치지 않는다. 그녀는 항상 강인하고 근면하며, 가난하고 병들고 불쌍한 사람들을 돕는다. 그녀는 권위와 품위가 있고, 앞날을 걱정하지 않으며, 말을 지혜롭고 친절하게 하고, 무엇보다 자녀를 잘 양육한다. 자녀들은 그런 어머니를 사랑하고 존경하며, 남편도 그녀에게 '세상에 훌륭한 여자들이 많지만 당신은 그중에서도 가장 위대한 여성'이라고 칭찬한다. 고운 것도 거짓되고, 아름다운 것도 헛되지만, 두려운 마음으로 하나님을 섬기는 여인이야말로 가장 아름답고 현숙한 아내다."

아내도 남편을 축복해 보세요. 아내가 시편 112편으로 남편을 위한 축복기도문을 낭송합니다. 아래 축복문은 다양한 번역본을 섞어서 수정한 버전이에요.

"하나님을 찬양하라. 주를 두려워하고 그 명령에 순종하기를 즐거워하는 자는 복이 있다. 그의 자녀는 땅에서 강한 자가 될 것이며, 정직한 자의 자녀는 복을 받을 것이다. 그 집에 부요와 재물이 있고, 의로움도 영원히 계속될 것이다. 정직한 자에게는 어둠 속에서도 빛이 비칠 것이고, 그는 은혜를 베풀 줄 알고, 인정이 많으며, 의로운 자다. 그는 관대하며, 희생적이고, 아낌없이 도와

주고, 모든 일을 공평하게 처리한다. 그런 사람은 영원히 흔들리지 않을 것이고, 복이 찾아오며, 그의 의로움은 영원히 기억된다. 그가 나쁜 소식을 두려워하지 않는 이유는, 하나님을 믿으므로 그 마음이 흔들리지 않기 때문이다. 그의 마음은 평안하고, 두려워하지 않으며, 결국 그의 대적이 무너지는 것을 볼 것이다. 그는 가난한 사람들을 넉넉하게 구제하고, 그의 섬김은 열매를 맺고, 하나님과 사람에게 더욱 총애받을 것이다."

이제 아들을 위해 축복합니다. 이 기도문은 임의로 만든 샘플이니 참고해서 자신의 자녀에게 축복하고 싶은 내용으로 수정해서 사용해도 됩니다.

"하나님, 이 아들에게 성령의 지혜와 영감을 주세요. 이 아이가 여호수아처럼 하나님의 임재를 사모하게 해주시고, 다니엘처럼 이방 제국의 한복판에서도 신앙을 지키는 예배자로 우뚝 서게 하시고, 에브라임, 므낫세 처럼 당대 최고의 이방 나라 이집트 문화에서도 부모의 신앙을 계승하는 삶을 살게 해주세요. 다윗처럼 하나님의 마음에 합한 자가 되기를 축복합니다. 무엇보다 예수 그리스도를 믿고 아는 일에 충만하여 통일한국의 주역이 되기를 축복합니다."

다음은 딸을 위한 축복문이에요.

"하나님, 이 딸에게 성령의 지혜와 영감을 주세요. 이 아이가 진주보다 값진 현숙한 여인으로 자라기를 축복합니다. 요게벳처럼 당대 최고의 이방 나라 문화에서도 모세에게 신앙의 정체성을 갖도록 양육한 믿음의 여인이 되기를 축복합니다. 룻처럼 최악의 환경에서도 어른을 공경하고, 매사에 성실하고 긍정적이며, 마음이 어질고 정숙하며, 하나님을 경외하고, 믿음으로 한 가정을 일으키는 현숙한 여인이 되기를 축복합니다."

이 축복 예문들은 하나의 예일 뿐, 각 가정의 상황에 맞게 만들어 사용하세요. 이 축복문들이 10년 동안 매주 가정예배에서 선포된다면, 자녀들은 이 축복의 메시지를 500번 이상 듣게 됩니다. 그럴 때 어떤 일이 벌어질지 상상해 보세요. 안타깝게도 오늘날 우리의 자녀들은 너무 자주 부모로부터 혼나고, 비웃음과 비난과 지적당하는 데 익숙해 있어요. 이들은 부정적인 잔소리나 책망과 조롱보다, 성경의 가치가 담긴 긍정적인 축복과 격려를 더 많이 받아야 할 존재에요. 그럴 때 자녀들은 자존감이 높아지고, 그들의 인생은 놀랍게 바뀔 거예요.

### 넷째, 식사 진행 Table (T)

식사 중에는 절대 남을 헐뜯거나 가십성 대화를 하지 않아요. 부정적인 말은 피하고 긍정적인 말을 많이 하세요. 혹, 훈계할 일이 있다면 식사 후로 미루세요. 대신 자녀를 칭찬하고, 격려하고, 인정하고, 사랑을 표현해 주세요. 맛있게 식사하고, 한 주, 또는 그날 있었던 일에 대해 자유롭게 대화하세요. 아이들의 이야기를 중간에 끊지 않고 끝까지 경청해 주세요.

자녀의 성품 교육은 부모의 양육 방식, 특히 언어습관에 의해 만들어져요. 밥상머리에서 무의식중에 오가는 대화 습관에 따라 아이의 미래가 결정된다고 해도 과언이 아니에요. 그런데 자녀와의 애착에는 관심 없고, 자녀를 가르치려고만 들거나, 드러난 행동만 보고 야단치는 부모에 의해 문제아가 탄생[66]하는 거예요.

아이들은 아직 자기중심적이고, 사회성도 부족해요. 그래서 형제자매끼리 다투기도 하고, 갈등도 겪죠. 그럴 때 자녀의 발달단계를 이해하지 않고, 눈에 보이는 것만 혼내고 벌준다면 아이들은 돌봄을 받지 못하게 되어요. 자녀는 자신이 실수하고 부족해도 본능적으로 부모의 이해와 사랑, 돌봄을 원해요.

매일 반복되는 밥상머리에서 질문으로 아이들 스스로 자신의 문제를 찾도록 도와주세요. 그런 돌봄과 질문 대화가 10년 동안 지속된다면, 이것만큼 아이들의 자존감을 높이고, 인성을 개발해 주는 것도 없을 것입니다.

물론 훈계도 필요해요. 훈계할 경우에는 가정예배 마치고 엄격함으로 아이를 대하세요. 80:20 대화의 법칙을 지키세요. 그래야 훈계가 상처로 남지 않아요. 훈계 후에는 반드시 따스한 사랑으로 품어주세요.

## 다섯째, 말씀 암송 Memorizing (M)

말씀 암송은 어릴 때 시작할수록 좋아요. 유대인은 자녀에게 조기교육보다 적기교육을 시킵니다. 우리는 조기교육 한다며 먼저 지식을 습득시키지만, 유대인은 지혜를 먼저 습득케 해요. 지혜를 먼저 장착시켜야 지식을 활용할 수 있기 때문이에요. 그래서 이들은 아이가 말을 시작하는 2~3살에 모세오경 중 가장 어려운 레위기부터 외우게 해요. 어려운 말씀을 먼저 암기하면, 그 이후 어떤 말씀도 쉽게 암기할 수 있기 때문이라네요.

이를 위해 먼저 부모부터 시도합니다. 쉐마의 둘째 명령인 말씀 암송은 먼저 부모에게 주셨어요.

오늘 내가 네게 명하는 이 말씀을 너는 마음에 새기고 (신 6:6)

유대인은 하나님을 전심으로 사랑하기 위해 토라를 가슴에 새깁니다. 말씀을 실천하는 힘은 암송할 때 생겨요. '새기고'의 어원 '하야'는 '존재하다', '발생하다'는 의미

---

66) 전성수, 자녀교육 혁명 하브루타 (두란노, 2012), 47.

입니다. 말씀이 내 기억 속에 갇혀 있는 것이 아니라, 가슴 속에 살아서 꿈틀거리게 하려면 말씀을 암송하는 길밖에 없어요. 어쩌면 우리에게 쉐마의 세 가지 명령 중 가장 부담되는 구절이에요. 하지만 4일 차에서 우리는, 간단하지만 획기적인 방법, 즉 성경에서 가정에 대해 말하는 구절을 찾아서 그대로 순종하고 실천하기로 다짐한 것을 기억하세요.

자녀 세대에게 신앙을 대물림하기 위해 부모 세대가 먼저 말씀을 암송하는 일은 어쩌면 부모의 역할 가운데 가장 고상하고 가치 있는 일이에요. 말씀에 순종할 때 우리 안에 거하시는 성령께서 일하기 시작하신다는 사실을 잊지 마세요.

### ◆ 추천

열방대 대표 폴 칠더스의 말씀 암송 에피소드
☞ 단행본 210-211 참고
이스라엘교육연구원 이영희 원장 《말씀 우선 자녀교육》[67]
일독을 추천해요.

---

67) 이영희, 말씀 우선 자녀교육 (규장, 2009), 57-69.

대가 이야기

# '가족 스토리'라는 액자

가정예배 드릴 때, 어느 날은 부모가 왜 하나님을 믿게 되었는지 나눠보세요. 젊은 날, 어떤 신앙 에피소드가 있었는지, 믿음 생활할 때 어떤 힘든 일이 있었는지, 어떻게 극복했는지, 언제 실패했는지도 정직하게 나누는 것이 좋아요. 가족의 신앙 에피소드는 마치 집안의 오래된 사진이 담긴 액자와 같아서 우리의 뇌리에 오래 남게 돼요.

할아버지 할머니 이야기도 좋아요. 유대인은 안식일 만찬 가정예배 때마다 조상의 이야기를 반드시 나눠요. 그들에게는 토라가 조상의 이야기나 다름없어요. 부모의 몇 대째 조부가 어떻게 사셨는지, 그 조상은 어떤 신앙 체험이 있으셨는지, 아브라함과 이삭과 야곱이 어떤 실수를 했고, 그럼에도 불구하고 하나님께서 어떻게 신실하게 언약을 이루셨는지 나눠요. 사라와 리브가와 라헬이 어떤 실수를 했는지, 그런데도 왜 현숙한 여인의 반열에 들어갔는지를 나눠요.

저는 어렸을 때, 가족이나 친척 집에 모일 때마다, 어른들의 신앙 이야기보다는 성공담, 아니면 공부와 진로에 관한 훈계와 잔소리밖에 들은 기억이 없어요.

할머니는 일제 강점기 때 교회를 세 개나 개척하신 신앙의 여장부셨어요. 그러나 그 어려운 시절에 왜, 어떻게 교회를 개척하셨는지, 그 당시 할머니가 그 어려운 환경을 어떻게 극복하고, 신앙으로 이겨내셨는지에 관해서는 아는 바가 없어요.

어머니는 서울대 법과를 나오셔서 한국 최초 여검사를 꿈꾸고 신문기자 일과 공부를 병행하던 중, 당시에는 사형선고나 다름없는 폐결핵 3기 판정을 받으셨어요. 약으로 연명하는 중에 현신애 권사에게 안수받으시고 기적처럼 완치되셨지요. 그 이후 세상 영광을 뒤로하고 신학을 공부하신 후, 평생을 기도와 금식, 철야와 새벽기도로 교회와 하나님을 섬기셨어요.

하지만 저는 그 당시에 어머니에게 어떤 심경의 변화가 있었는지, 왜 검사의 꿈을 포기하고 신학교에 가셨는지, 왜 평생을 기도와 금식으로 사셨는지, 가정이 재정적으로 어려울 때 흔들리지는 않으셨는지, 그럴 때 어떻게 극복하셨는지 등등 어머니의 속 이야기를 들어본 적이 없어요.

만일 두 분과 이런 가족 스토리를 자주 나눴더라면, 자녀의 신앙에 엄청난 궤적을 남기셨을 텐데 말이에요. 그런 시간을 못 가진 것이 지금도 큰 아쉬움으로 남아요.


◆ 꿀팁

대화식 가정예배 드릴 때 할 수만 있거든 자주 가족, 일가 친족의 신앙에 대해 나누라. 만일 가족, 친족 중에 신앙이 있는 어른들이 계시는데, 그들의 에피소드를 잘 모른다면 일부러라도 시간을 내서 찾아뵙고 인사드리라. 그리고 자녀에게 선조의 신앙을 계승하기 위해 살아오신 삶의 이야기를 말씀해 달라고 부탁드려라. 가능하다면 허락을 맡고 녹음을 해서라도 반드시 기록에 남기라.

# 성경과 일상 하브루타 예배

## 말씀대화와 일상대화

오늘은 연구소가 추천하는 대화식 가정예배의 아홉 단계 예배 코드 중 말씀-반응-파송의 방에 해당하는 네 가지를 나눕니다.

예배 코드

말씀-하브루타;

응답-일상이슈/패밀리스토리; 파송-기도

W-H; R-/I/Fs; D-Py

**여섯째, 말씀 하브루타 Havruta (H)**

식사 시간이 끝나면 간단한 다과를 나누며 미리 정한 성경 본문을 돌아가며 읽고 대화를 시작해요. 자녀의 신앙 정도에 따라 기도하고 시작해도 되고, 믿음이 약하거나 없는 아이와는 성경 이야기 하나 읽어주고 마치 대화하듯이 편하게 나눠도 상관없어요. 중요한 것은 자녀와 함께 자연스러운 질문과 대화가 이뤄지는 것이에요.

### + 본문 선정

본문은 한 주간 동안 엄마나 아빠의 마음에 맴돌았던 말씀, 예수님 이야기, 쉐마 말씀, 구약 이야기, 아니면 교회에서 통독하는 말씀 중에 다가온 짧은 내용을 부부가 상의해서 정하거나, 부부가 한 달씩 시리즈를 맡아 번갈아 정해도 돼요.

### + 말씀 읽기

본문은 돌아가며 한 구절씩 낭독하는데 그날 본문을 두세 번 소리 내어 반복해서 읽는 것이 좋아요. 특히 아버지는 가정예배 드리기 전에 본문에 관해 공부해 보세요. 1주일이란 시간을 활용하세요. 자녀에게 본문을 가르치기 위함이 아니에요. 질문하기 위해서예요. 말씀을 읽기 전 아버지는 본문에 대한 간단한 배경을 설명해 줘다. 본문에 대한 선입관을 내려놓기 위해 묵상 이후에 하기도 해요.

### ◆ 꿀팁

가장이 성경 공부할 때, 본문에 대한 아웃라인, 맥락, 배경을 공부하고, 최소한 다섯 번 정도 소리 내어 읽고, 묵상의 시간을 가져보라. 이때 성령께서 깨닫게 하시는 본문의 맥락과 핵심 포인트, 하나님의 의도 등이 자녀와 하브루타 하는 데 큰 도움을 줄 것이다.

### + 침묵시간

본문 묵상을 위해 5분간 침묵하세요. 연구소 간사들의 고백에 의하면, 이 고요한 시간이 예배에 대한 소극적인 습성이 깨졌다고 했어요. 이 침묵이 하나님과 일대일로 직면하게 해줘요. 그 순간만큼은 소극적인 관객으로 남아 있을 수 없어요. 살아 있는 말씀 앞에 능동적으로 질문하고 그 뜻을 알기 위해 성령께 기도하게 돼요.

### ◆ 꿀팁

장에서 침묵-묵상 시간을 갖고 질문을 각자 만들어보는 방법 외에도, 모임 전에 미리 본문을 가족에게 알려주고, 각자 질문을 만들어오게 하는 것도 좋은 방법이다.

### + 하브루타

침묵 후에는 각자가 깨달은 내용을 갖고 함께 대화해요. 이때 질문을 잘 활용하세요. 본문에 대한 질문 하나가 수많은 설명보다 더 강력해요. 질문에 바로 답하는 교실용 질문이 아니라, 질문에 질문이 꼬리를 잇는 토론식 질문이에요. 처음에는 익숙하지 않을 거예요. 그래도 계속 시도하다 보면 어느 순간 토론의 문이 열릴 거예요.

부모와 자녀가 동등한 관계로 질문하고 대화해 보세요. 당장 토론의 깊이에 도달하지는 못하더라도 조금씩 서로를 알아가고, 함께 배우는 기쁨이 하나둘 늘어갈 거예요.

### + 질문 가이드

무조건 질문을 많이 던진다고 말씀을 바로 해석하고 적용할 수 있는 것은 아니에요. 일반 하브루타는 끝없는 상상의 나래를 펼쳐 질문할 수 있지만, 성경 하브루타는 저자의 의도와 하나님의 뜻, 그리고 내게 주시는 하나님의 뜻을 찾는 방향성이 있는 질문들이 필요해요. 가장 쉬운 방법은 내용질문-상상질문-적용질문이에요.

내용 질문은 본문에 등장하는 용어, 인물, 배경, 전후 맥락에 관한 질문을 던지며 본문을 관찰해요. 상상 질문은 저자의 의도와 하나님의 마음, 감정, 성품, 의도, 핵심 메시지 등 본문의 의미를 해석하기 위한 질문이에요. 이때 잘 해석할 수 있도록 성령의 감동과 영감을 달라고 기도하세요. 적용 질문은 해석된 본문을 통해 나를 향한 하나님의 뜻을 분별하는 데 집중해요. 그 결과 성령의 감화로 마음이 변화되거나 회복되는 역사가 일어나기도 해요.

### ◆ 꿀팁

성경 하브루타를 할 때 가장 집중해서 다뤄야 할 주제는 복음이다. 복음은 단순하지만 깊은 진리다. 단순하기 때문에 가볍게 생각하면 값싼 은혜로 전락하기 쉽다. 구원 이후 복잡다단한 현대사회에서 어떻게 복음으로 살아야 할지 자주 질문하고 토론하라.

## 일곱째, 일상 대화 Issue (I)

말씀 대화를 마치고 후식과 함께 일상 대화를 나누세요.

여담이지만 유대인은 좀 더 나은 후식을 고민하는 과
정에서 던킨도너츠, 하겐다즈, 허쉬 초콜릿, 배스킨라빈
스를 창업하기도 했어요.

가족들이 함께 나눌만한 이슈를 뽑아서 대화해 보세
요. 한 시간 정도면 충분해요. 일상에서 벌어진 이슈, 뉴
스에 보도된 특정 사건이 될 수도 있고, 학교에서 자녀가
겪은 일일 수도 있어요. 어떤 주제라도 핀잔을 주지 말
고, 들어주고, 질문하고, 경청해 주세요. 대화 가운데 어
느 순간 자녀의 속마음이 표현될 때가 있고, 고민거리가
흘러나올 수 있어요. 진지하게 들어주고, 공감해 주고,
질문하고, 격려하고, 지지하는 것이 필요해요.

◆ **꿀팁**

어느 날은 가족회의 방식으로 대화를 나누는 것도 좋다. 예를 들어 한 주 동안 어떤 일이 있었는지, 가장 힘들었던 일이 무엇이었는지, 앞으로 우리 가족이 더 행복해지기 위해 어떤 변화가 필요한지 등에 대해 질문을 던진다. 이것은 가정에서 부모 중심으로 결정하고 진행되는 수많은 일에 관여하고 참여하는 대단한 기회를 자녀에게 열어주는 것이다.

실제로 신의진 교수는 이런 가족회의를 몇 년간 꾸준히 한 결과, 자녀들이 평소에 말하기 곤란했던 것을 이때 꺼내게 되고, 그 결과 요즘 어떤 생각과 기분으로 지내는지 서로 훤히 알게 되어 가족 간 유대감이 깊어졌다고 한다. 나아가 아이들에게 전해야 할 중요한 가치들도 잔소리나 훈계 같은 방법을 쓰지 않고도 자연스레 전달되는 유익이 있다고 했다.[68]

## +기도 제목 나누기

마지막 끝날 때는 서로의 기도 제목 한 가지씩 나눠요. 이때 아이들의 관심사를 읽을 수 있는 좋은 기회예요. 한

---

68) 신의진, 현명한 부모가 꼭 알아야 할 대화법, 121.

주간 동안 아이들이 내놓은 기도 제목을 함께 기도할 때 영적인 소통이 이루어져요.


### 여덟째, 파송 기도 Dismissal Prayer (D-Py)

모든 순서를 마칠 때는 가능하면 하나님께서 우리 가족을 일주일 동안 인도해 주시기를 간구하는 기도Py로 마무리하는 것이 좋아요. 기도문을 써서 낭독해도 괜찮고요. 유대인 아버지가 가족을 위해 드리는 기도문을 개신교 버전으로 수정해 보았어요.

"하나님, 우리 가족이 살아 있고, 서로에게 깊은 의미가 있으며, 주님 안에서 하나인 것으로 인하여 감사합니다. 우리의 마음이 하나님만 사랑하고, 성령님께 의지하여, 예수님께만 충성할 때, 비로소 가족과 이웃을 사랑하고 돌볼 수 있는 능력이 우리에게 부어짐을 믿고 감사드립니다. 우리가 다른 사람들의 요구에 민감하게 해주시고, 주는 일에 앞장서게 해주세요. 다른 사람에게 베푼 것은 기억하지 못하게 하시며, 남을 용서한 것을 셈하지 않게 해주세요.

우리 주위에 이웃이 있음을 감사하게 하시며, 우리의 사랑과 친절이 그들에게 표현되게 해주세요. 부드럽게 말하게 하시고, 논쟁할 때 차분한 말과 공감하는 말을 찾게 해주세요. 상대의 아픔을 이해하고, 안타까워하며, 좋은 일을 했을 때 격려의 말, 칭찬의 말을 할 기회를 놓치지 않게 해주세요. 우리 가족을 건강과 기쁨, 만족으로 축복해 주세요. 무엇보다도 가족 모두 성령 충만하게 하시고, 기쁨과 평화의 가정을 세우는 지혜를 주세요. 우리가 경험한 십자가의 사랑과 복음을 만나는 사람들과 나눌 기회를 허락해주세요. 예수님의 이름으로 기도합니다. 아멘."[69]

어딘가 생소하지만 감동이 있는 기도문이에요. 개신교 부모들이 자녀를 위해, 가정을 위해 기도하는 내용은 주로 개인적 필요 혹은 구복 신앙 요소가 많아요. 그런데 유대인은 이타적인 내용이 대부분이죠. 우리의 신앙이 얼마나 실용적이고 개인주의에 함몰되어 있는지, 본질에

---

69) 최명덕, 유대인 이야기, 140-1.

서 벗어나 있는지 피부로 느껴지는 기도문이에요. 성공보다 신실함을 중요하게 여기는 유대인의 기도문이 가슴 따뜻하게 다가오네요.

### ◆ 꿀팁

마지막 기도는 꼭 부모가 할 필요 없다. 자녀들에게도 기회를 주고 서로 돌아가며 기도하는 것도 좋다. 예를 들어 우리 가정의 가족 모두가 각자의 파송 기도문을 만들어서 시도해보자.

기도문을 만들 때는 감사, 하나님, 예수님, 성령님이 포함, 이웃사랑, 베푸는 삶, 돕고 잊어버리는 삶, 용서하는 삶, 친절한 삶, 부드러운 말, 상대의 마음과 아픔을 이해, 격려와 칭찬하는 말 잘하기, 가족 건강, 성령 충만, 기쁨과 평화, 복음 전도 같은 주제가 들어가도록 가이드해준다.

## 대가 이야기

# 태아와 나누는 대화식 예배

산모가 경험하는 모든 감정과 생각은, 기쁨, 슬픔, 희망, 심지어 공포와 스트레스까지 태아와 교감 된다고 해요. 과도한 스트레스는 태아의 정서, 두뇌, 신체 발달에 지장을 주니 최대한 마음의 평안을 유지하기를 힘써야 해요. 한국 사회가 스트레스로부터 완전히 해방되기 어려운 환경이긴 하지만, 남편과 가족 모두 태아를 함께 양육한다는 마음으로 산모의 스트레스 최소화 작전에 돌입해야 합니다.

산모는 배 속에 있는 태아와 태담, 동화 읽어주기, 태교 일기 쓰기 등으로 교감할 수 있어요. 태담할 때는 가능하면 "엄마는

OO 때문에 참 행복해", "너와 함께해서 얼마나 기쁜지 모르겠어"와 같이 긍정적이고 밝은 정서를 나누는 것이 좋아요. 그럴 때 태아도 긍정적이고 낙천적인 성향으로 성장해요.

특히 태아는 아빠의 저음 목소리 톤을 좋아해요. 아빠의 다정한 음성은 출산의 두려움을 지닌 산모와 태아의 정서적 안정에 매우 중요한 역할을 합니다. 태아는 임신 6개월부터 기억 능력이 생겨요. 아빠의 목소리를 듣지 못하고 태어난 아기는 아빠에 대한 기억이 없어서 아빠라는 존재를 두려워하거나 생소해할 수 있어요.

그러므로 아빠는 적어도 임신 6개월 차부터는 매일 퇴근 후 아이와 속삭이듯 대화하는 시간을 적어도 20~30분 정도 갖는 것이 좋아요. 그럴 때 태아는 아빠라는 존재를 통해 엄마와는 또 다른 안정감과 기쁨을 교감하게 됩니다.

예배 코드

**말씀-하브루타;**
**응답-일상이슈/패밀리스토리; 파송-기도**
**W-H; R-/I/Fs; D-Py**

산모와 태아가 교감할 수 있다면 대화식 가정예배도 당연히 가능해요. 태아와의 가정예배는 태아에게 하나님의 존재와 그분을 예배하는 영적 감수성을 계발해줍니다. 산모와 태아의 예배는 24시간 함께하기 때문에 굳이 모임 즉, 장소와 시간은 물론 특정한 양식이 필요 없어요. 태아와의 대화가 가장 중요한 양식이에요.

대화의 모드는 다정하고 친밀한 말투, 애정이 가득한 표현일수록 좋아요. 산모가 항상 즐겁고, 행복할 수만은 없지요. 낙담과 절망의 상황이라도 하나님이 자신에게 허락하신 최선의 시간임을 믿으세요. 합력하여 선을 이루실 하나님(롬 8:28)을 신뢰하고, 기도와 믿음으로 나아간다면, 그 자체로 산모와 태아가 하나님을 예배하는 최고의 시간이에요. 아이와 이렇게 대화할 수 있어요.

"아가야, 엄마가 지금 많이 힘들고 아파. 하지만 괜찮아. 하나님은 분명 화를 변하여 복이 되게 하실 거야. 엄마는 믿어. 너에게는 아무 문제없을 거야. 걱정하지 말고, 힘내자, 아가야. 엄마가 좋아하는 찬양 들려줄게."

이때 산모가 원하는 찬양을 불러보세요. 어려움을 극복한 성경 이야기도 읽어줘요. 아기를 축복하고, 태아를 위해 기도하고 마치세요. 이 모든 예배행위가 태아의 영적 심성에 영향을 줍니다. 이런 예배는 일상에서 자주 할수록 좋아요.

나아가 엄마 아빠와 함께 가정예배를 드린다면 더할 나위 없이 좋아요. 태아 때부터 부모와 예배를 경험한 아이는 태어나서도 엄마 아빠와 대화식으로 가정예배 하는 것이 아주 자연스럽게 다가올 것입니다.

### ◆ 꿀팁

태아와 대화식 예배를 드리면서 느낀 점을 기록하는 태아 예배노트를 활용해보자. 태아와 예배하면서 그때 그때 하나님께서 주신 마음, 감정, 기도제목, 태아의 반응을 소소하게 기록해 놓는 것을 추천한다.

## 대가 이야기

# 영아와 대화식 예배하기

영아기(1~3세)는 엄마 아빠와 애착을 형성하는 데 결정적인 시기예요. 특히 감각기관이 빠르게 성장하고, 외부 자극에 민감할 때입니다. 이 시기는 육체적, 정서적으로 부모 의존도가 가장 높을 때예요. 이때 아이가 가장 많이 느껴야 할 감각과 자극은 엄마의 체취와 스킨십, 목소리 같은 친밀감이에요. 이 시기에 아이는 세상을 살아가는 데 필요한 자아의식, 자존감, 두뇌, 관계 능력의 80%가 형성되어요. 이때 형성된 아이의 내면이 남은 평생을 지배한다고 할 수 있어요.

나아가 보행 운동, 반사 운동, 인지 발달, 정서 파악, 의사 표현 등을 서서히 배워가요. 옹알거림과 울음, 아주 간단한 언어 등으로 자신의 감정을 표현하기 시작하고요. 이 시기는 엄마가 조건 없는 사랑을 쏟아줌으로 아이와 친밀한 사랑을 교감하고, 애착을 경험하며, 안전기지를 형성하는 결정적인 시기이기도 해요.

나는 이제 막 태어난 아기가 영적인 감각을 갖고 무슨 예배를 드릴 수 있을까 우습게 여겼어요. 하지만 몇몇 교회에서 운영되는 영아부 예배를 경험하면서 제 안의 고정관념이 깨졌어요. 엄마와 함께 이 예배에 참석한 아기들이 예배에 집중하는 모습을 보면서 영아도 영적인 존재임을 깨달았어요. 아니, 어쩌면 아기는 아직 세상의 때가 묻지 않은 가장 순수한 영혼을 지니고 있기에 어른보다 영적인 감각이 더 예민할 수도 있어요.

그렇다면 이 예배 경험을 가장 익숙하고 편안한 가정에서, 가장 친밀하고 사랑하는 엄마 아빠와 함께 할 때 영아는 훨씬 더 집중된 예배 경험을 할 수 있지 않을까요? 산모 대부분이 아이를 낳고 1~2년은 예배에 집중하지 못해서 정서적, 영적 무력감에 빠지거나 영적 탈진을 경험해요. 하지만 오히려 이

시기를 가정에서 아기와의 예배 경험으로 채운다면 평생 잊을
수 없는 예배의 자산과 추억으로 가슴에 새겨질 거예요.

예배 코드
대화/찬양/성경읽기/축복/기도
Di/P/BRe/Bl/Py

이 시기의 예배 코드는 태아기와 큰 차이가 없지만 예
배드리는 일정은 일주일에 2~3회, 시간은 태아 때보다
는 길어도 돼요. 영아는 엄마와 아빠와 드리는 가정예배
를 시각적, 언어적, 감각적으로 느끼고 교감할 수 있어
요. 엄마나 아빠가 읽어주는 성경 동화BRe 내용을 정확
하게 이해하기보다는, 부모의 표정, 목소리 톤, 이야기의
억양과 표현에 집중하고, 좋아하거나 웃음으로 반응도
하고, 함께하는 시간 자체를 행복해 하죠.

이때 그림이 있는 성경을 보여주며 대화하듯 스토리텔
링하는 것이 좋아요. 엄마 아빠의 찬양P이나 기도Py, 축
복Bl하는 말에 옹알거림으로 반응하거나, 더 적극 교감
하기도 해요.

## ◆ 꿀팁

태아와의 예배 일기가 끝나면, 아이가 태어난 후에도 계속 '예배 일기'를 쓰기를 추천한다. 대화식으로 아기와 가정 예배를 드리면서 일어난 일들을 일기식으로 적어본다. 그때 일어난 아기의 사소한 변화들, 소소한 사건들을 적다보면 아이의 영적인 지도가 그려질 것이다. 나중에 자녀가 성인식을 치를 때 이 예배 일기를 건넨다면 자녀에게는 그 무엇보다 값진 선물이 될 것이다.

# 유아기의 대화식 가정예배

## 내면의 토대 형성

오늘부터 삼일간, 연령별 특성에 따른 대화식 예배 코드를 다루려고 해요.

신의진 교수의 《현명한 부모가 꼭 알아야 할 대화법》, 하브루타선교회에서 지은 《실전! 교회 하브루타》, 원준자 저자의 《주일학교 교사를 위한 효과적인 반목회》는 가정예배는 아니지만 발달단계에 맞게 아이들에게 접근하는 자료로써 강추해요.

발달단계에 관한 대전제가 있어요. 모든 아이는 하나님이 창조하신 대로 알아서 자란다는 거예요. 그 누구도 아이에게 우는 법, 소리 내는 법, 먹는 법, 보는 법, 질문하는 법을 가르쳐주지 않았지만, 아이들은 발달단계별로 스스로 인생을 살아가는 법을 터득하게 되어 있어요.

'스스로'는 이 책이 강조하는 키워드예요. 부모의 역할은 발달단계별로 아이가 스스로 배우고 터득해 가도록, 옆에서 귀 기울여주고, 공감해 주고, 격려해 주기만 하면 됩니다. 자녀가 망가지는 이유의 99.99%는 부모가 지나치게 앞서거나, 지나치게 조정하거나, 지나치게 무관심한 경우죠. 거꾸로 말하면 너무 앞서지 않고, 조정하지 않고, 적절한 관심으로 옆에서 자녀가 성장해 가는 꼭지마다 함께 기뻐하고, 함께 아파하고, 함께 공감만 해줘도 자녀는 건강한 자존감을 갖고 주도적으로 세상을 헤쳐가는 성숙한 어른으로 성장하게 되어 있어요.

## 유아기의 대화식 가정예배

유아기(3~6세)는 신체적, 언어적, 인지적 발달은 물론, 신앙과 믿음, 내면과 지혜에 관한 토대를 형성하는 시기에요. 이 4년의 시기를 놓치면 육아는 그만큼 어려워져요. 그래서 좀 자세히 다뤄보려고 해요.

유아기에는 아이들이 혼자 걷기 시작하고, 모든 일을

직접 시도하려고 해요. 좋고 싫은 감정을 분명하게 표현하고, 옳고 그름을 판단하기 시작해요. 이때 부모가 이해할 수 없는 행동을 수도 없이 해요. "미운 네 살, 죽이고 싶은 일곱 살"이 요즘에는 "죽이고 싶은 네 살"로 낮아졌다는 이야기가 나돌 정도예요.

하지만 앞에서 이미 다뤘듯이, 모든 아이의 이상 행동은 부모가 그렇게 길렀기 때문에 나타나요. 기본적으로 아이의 발달단계를 이해 못 해서 벌어지는 갈등이 대부분이에요. 신의진 교수는 아이들에게 부모가 차지하는 비중이 4세까지 90%라면 5세부터 8세까지는 50~60%대로 낮아진다고 했어요. 부모는 이러한 변화에 공감하고, 진지하고, 민감하고, 사려 깊게 소통해야 해요. 이 중요한 시기에 자녀의 마음과 영혼을 하루 종일 유튜브나 게임, 디즈니 TV에 맡기는 것은, 세속적인 가치로 아이의 내면을 가득 채우는 지름길임을 알아야 해요.

* 창의력

3~4세는 어휘력이 갑자기 늘어나는, 이른바 어휘 폭발의 시기에요. 언어를 습득해서 대화하기 좋아하고, 책

을 읽기도 해요. 새로운 정보가 뇌에 쏟아져 들어오니 상상력도 풍부해지고, 궁금증도 폭발하니 끊임없이 질문해요. 놀랍지 않나요? 아무도 가르쳐주지 않았는데도 아이는 선천적으로 질문하는 법을 알아요.

만일 자녀가 인생 처음 질문하면, 그날은 패밀리 파티를 열어줄 만큼 기뻐할 일이에요. 아이의 쏟아지는 질문에 스트레스받는 부모가 많아요. 반드시 후회할 거예요. 아이들 스스로 질문하고 싶어서 초롱초롱한 눈망울로 엄마를 쳐다보는 바로 그 시기가 자녀 양육 20년 중에 가장 보석 같은 시간임을 자녀가 떠난 후에야 깨닫게 될 테니 말이에요.

역설적으로 5~6세 시기에 자녀들의 질문과 창의성은 급격하게 줄어들어요. 그 이유는 어른들이 아이의 질문을 막고, 어른의 고정관념과 생각의 틀 안에 가두어버리기 때문이에요.

"뭘 그렇게 자꾸 물어봐. 피곤하게", "엄마 바빠 죽겠는데", "또 질문이야? 어휴, 귀찮아 죽겠네." 만일 이런 일로 아이가 미워진다면 화들짝 놀라야 해요. 지금 자신이 황금 덩이를 쓰레기통에 내던지고 있는 것이나 다름 없으니 말이에요. 오히려 질문하는 것이 얼마나 가치 있고, 대단한 행동인지 본인은 물론 자녀들도 느끼도록 칭찬하고 격려하세요.

질문은 자녀와 부모의 생각과 영혼을 하나로 묶는 최고의 도구예요. 의외의 질문이 쏟아져 나올 수 있어요. 절대로 무시하지 말고, 그 질문 하나하나가 자녀와 더 깊은 애착을 형성하는 진주임을 명심하세요. 아무리 피곤하더라도 답을 주고, 역으로 질문도 던져보세요. 자기 생각으로 답을 찾아갈 수 있도록 길을 열어주세요.

## * 암기 능력

이 시기는 암기 능력이 매우 좋을 때예요. 이들은 마치 하얀색 도화지 위에 그림 그리듯 있는 그대로 암기해요. 실제로 유대인은 3세부터 토라 암송을 시작해요. 아이들은 성경 암기 속도도 빠르답니다.

## * 신체적 특징

특히 유치부에 해당하는 5~6세는 대근육이 왕성하게

자라면서 끊임없이 움직이는 시기에요. 집중력도 10~15분을 넘기지 못해요. 부모는 이 시기의 특성을 이해하고, 예배 때 꼼짝 못 하게 오래 앉혀 놓는다거나 정신없다고 꾸짖어서는 안 돼요. 오히려 대근육을 사용하여 에너지를 충분히 발산할 수 있는 예배 활동을 창의적으로 만들어보세요.

## * 정신적 특징

이때는 다른 사람도 자신과 똑같은 생각과 감정을 갖는다고 여기는 자기중심성이 가장 강한 시기에요. 아직 양보의 개념이 형성되지 않았어요. 그래서 친구나 누나, 형, 동생에게 나누기를 어려워해요. 그런데 "넌 왜 너밖에 몰라? 아기한테 양보해야 착한 형아지!" 하며 꾸짖는 것은 아이에게 부정적인 죄책감만 갖게 해요. 그보다는 양보의 개념, 나눔의 소중함을 차분하게 이해시키고, 인지할 때까지 기다려주는 것이 필요해요.

논리적인 사고능력이 아직 발달하지 않아서 그림이나 상징으로 표현하기를 좋아해요. 이때 아이의 표현이나 그림에 관심을 갖고 칭찬해 주세요. 왜 이 그림을 그렸는지 질문하고 대화하면서 아이를 이해하고 공감하는 기회로 삼으세요. 때로는 아이가 상상을 현실로 믿고 말하기도 해요. 지극히 정상적인 행동이니 놀리거나 빈정거리지 말고 자녀의 모습 그대로를 인정하고 존중해 주세요.

## * 감정적 특징

신의진 교수는 이 시기를 감정 조절 능력이 거의 완성되는 때라 했어요. 자신의 욕구가 다른 사람과 충돌할 수 있다는 사실도 알고, 자신이 원하는 것을 얻기 위해 머리를 쓸 줄도 알아요. 기분이 나빠도 스스로 억제하고 기분 좋은 방향으로 바꿀 수 있는 때이기에 정서가 안정될 시기예요. 이때까지 잘 성장한 아이들은 초등학교 등록할 무렵 밝고 긍정적이며 자신감을 갖게 됩니다.[70]

한국 부모들은 대체로 자녀의 지적인 능력이 두각을 보일 때 기뻐하고 격하게 반응해요. 하지만 지적인 능력보다 중요한 것이 자신의 감정을 잘 알고, 표현하며, 감정 조절하는 능력이에요. 그런 모습이 감지되면, 부모는 민감하게 반응하고, 공감해 주고, 칭찬해 주세요.

---

70) 신의진, 현명한 부모가 꼭 알아야 할 대화법, 184-5.

예배 코드

## 모임-구제/축복/촛불점화/식사/대화/후식;
## 말씀-성경동화/그리기/하브루타; 응답/기도
## Di/P/BRe/Bl/Py

이 시기는 대화식 식탁 예배를 시작할 수 있는 나이예요. 하나님에 대한 인식이 가능할 때니 부모는 성령께 의지해서 기도하는 마음으로 함께 대화식으로 가정예배를 진행해 보세요. 이때부터 모임G의 방에서 일주일간 모은 구제함O을 어디에 사용할지 가볍게 나눠요. 자녀와 아내를 축복Bl하고, 촛불C을 켠 후에 가족이 맛있게 식사T해요. 하나님께서 주신 음식이니 감사함으로 먹는 자세를 가르쳐주세요. 어떤 음식이든 하나님의 영광을 위해 자유롭게 먹어도 되지만, 때로는 인성교육을 위해 부모가 먹기 시작할 때까지, 먹고 싶어도 참아야 할 때도 있음을 알려주세요. 식사 기도Py를 시켜보세요. 이미 엄마 아빠가 하는 기도를 기억하고 곧잘 따라 할 거예요.

아이의 집중력 정도에 따라 후식A을 나누며 말씀의 방으로 연결할 수 있어요. 말씀W의 방에서는 성경 동화B

를 함께 읽고, 가장 기억에 남는 내용을 그림Dr으로 그리면서 자신의 생각과 느낌을 표현하게 하세요. 왜 이 장면이 기억에 남았는지, 왜 이런 느낌이 들었는지 묻고, 특히 아이가 느낀 감정과 정서를 표현하게 하고, 하브루타H를 시작해 보세요.

부모는 아이의 끊임없는 질문 때문에 당황할 수 있어요. 이때 부모가 주도하지 말고, 자녀가 하나님을 만날 수 있도록 인도해달라고 성령께 의지하며 대화를 이어가세요. 때로는 대화 가운데 전혀 상상치 못한 고백이 흘러나올 수도 있어요. 아이의 말을 경청하고, 공감하고, 대화하세요.

### ◆ 꿀팁

아이들과 사용할 성경은, 그림과 대화체로 만든 《하브루타 그림 성경》이나 《작은 제자 그림성경 시리즈》, 《엄마 아빠와 함께 읽는 마음 콩콩 성경동화》를 추천한다. 자녀와 복음에 대해 토론하기 위한 책으로는 《홀리씨드 복음동화》 세트, 《하나님의 최고 걸작품》 등을 추천한다. 식탁이나 거실 벽 한쪽에 화이트보드를 설치하는 것도 좋다. 아이들과 질문하고 토론할 때 그림이나 상징, 중요한 단어들을 자녀와 함께 써가며 대화하면, 흥미를 유발하고 주제에 집중하는 데 도움이 될 것이다.

## 대가 이야기

# 정신없는 유아와 어떻게 예배하죠?

아이가 정신없다고 느끼는 것은 어른들의 선입관일 수 있어요. 유아들에게는 건강하고 자연스러운 일상이에요. 워싱턴 DC 갓스이미지 쥬니어팀은 5~6세의 유아팀이에요. 한번은 이 아이들과 예수님을 그리는(Dr) 시간을 가졌어요.

아이들은 서로 한 살 차이밖에 나지 않지만 그림의 표현 능력이나 이해하는 정도에는 차이가 보였어요. 속도의 차이는 있어도, 아이들은 자기 나름대로 지극히 정상적으로 자라고 있으니 걱정할 필요는 없어요. 어떤 아이는 만화로, 어떤 아이는 접는 카드에 그림으로, 어떤 아이는 모양만 희미하게, 어떤 아이는 십자가에 매달린 예수를 그렸어요.

한창 대근육이 발달할 나이인지라, 아이들은 종횡무진 다니면서 교실은 순식간에 종이, 크레용, 색종이, 색펜, 스티커 등으로 난장판이 되었지요. 다섯 살 아이가 정신없이 뛰어다니고, 물건을 어질러 놓는 것은 아이의 잘못도, 부주의도 아니에요. 어른의 기준을 내려놓고 아이를 집중해서 관찰해보면, 어른처럼 정리하거나 논리적으로 생각하는 능력이 아직 발달하지 않았을 뿐, 저마다 자신의 방식대로 주어진 과제를 주도적으로 완성하고 있는 것을 알 수 있었어요.

그림이 어느 정도 진행되었을 때, "예수님은 누구일까?" 질문을 던져보았어요(H). 그런데 예상 못한 이야기들이 쏟아져 나왔어요. 한 아이는 집에서 있었던 일부터 예수님 이야기까지 현실과 이상을 왔다 갔다 해요. 그 나이에는 지극히 정상적인 행동이에요. 한 아이는 "예수님은 나를 사랑하세요. 내 죄 때문에 십자가에서 죽으셨어요"라며 정확한 복음의 내용을 고백했고요. 유아 단계의 아이에게 신앙은 매우 구체적이에요.

어떤 아이는 예수님과 하나님의 존재에 대해 질문하기도 했어요. 갑자기 뜬금없이 "하나님이 세상을 만드셨는데, 하나님은 누가 만들었어요?" 여섯 살 어린 나이에도 얼마든지 심오한 신학적 질문이 튀어나올 수도 있어요. 이때 정답을 말해주기보다 다른 질문으로 아이의 생각을 더 깊게, 또는 더 확장하도록 유도하는 것이 좋아요.

"우와! 진짜 좋은 질문이구나. 이 질문 오늘 처음 한 거니?"
"아니요. 2년 전에도 엄마한테 했어요."
"진짜 대단한데? 그런데 하율이는 왜 이게 궁금해?"
"..."

여기까지 질문과 대화가 오가던 중에 안타깝게도 시간이 다 되어서 대화가 끝나고 말았어요. 하나의 작은 예이지만, 이 외에도 다양한 방식으로 하나님과 예수님에 대해 아이와 질문하고 대화할 수 있어요.

특히 아이의 이해할 수 없는 행동에 부모는 화가 나거나, 걱정하거나, 혼낼 수도 있는데, 발달단계를 알면 지극히 정상이라는 것을 깨닫게 되어요. 혼을 내거나 감정이 상하는 대신, 자녀와 성경 말씀에 대해 더 깊은 대화를 나누게 해주니, 발달단계 상식은 부모에게 더없이 필요하고 중요한 정보랍니다.

# 아동 전기의 대화식 가정예배

## 왕성한 호기심

아동기(6~12세)는 변화의 폭이 가장 큰 시기예요. 6세에서 12세는 외모와 체구, 생각, 감정의 변화가 현격히 일어나는 시기이고요. 특히 아동 전기(6~9세)는 호기심이 왕성하고, 자기중심적이며, 인정받고 싶어 해요. 여전히 부모에게 의지하고, 칭찬에 민감하고, 표현 활동이나 놀이 활동에 적극 참여해요. 관찰력도 높아지고 다른 사람의 입장을 이해하기 시작하며 질서 의식도 생깁니다.

6세 무렵부터 잘난 체, 아는 척하는 행동이 잦아져요. 자신이 아는 것을 어떻게든 말하려 하고, 자신이 잘했다는 것을 확인받고 싶어 합니다. 이런 행동은 그 시기에 지극히 정상적인 발달이니 있는 그대로 인정해 줘야 해

요.[71]

## * 신체적 특성

아동 전기는 한창 성장하는 시기라서 매우 활동적이에요. 가만히 있는 것을 힘들어해서 끊임없이 움직이고 까불고 뛰어놀아요. 이들의 관심과 흥미가 지속되는 한계는 10~15분밖에 안 됩니다. 그러므로 이 시기에는 대화식 예배의 길이도 한 주제로 15분을 넘기지 않거나, 동일한 주제이더라도 방식을 두세 가지로 다양하게 진행해야 해요.

## * 지적 특성

이 시기에는 앞에서 다루었듯이 폭발하던 질문이 갑자기 줄어드는 때이기도 해요. 아이러니하게도 부모와 공교육이 아이들의 질문을 가로막기 때문이에요. 본능적인 지적 탐구력은 지속되어요. 대안은 부모가 나서면 됩니다. 질문의 물꼬를 틀어주는 방법이 있어요. 질문의 물꼬는 질문이 틀어줘요.

---

71) 신의진., 185-6.

아이들의 본능인 질문을 이용하세요. 대화식 가정예배에서 마음껏 표출할 수 있도록 문을 열어주세요. 부모가 쏟아지는 질문을 힘들어하는 이유는 일일이 답을 해줘야 하기 때문인데, 답 대신 질문을 주면 일이 쉬워져요.

"왜 그러고 싶어?", "왜 그런 일이 벌어졌을까?", "왜 그렇게 생각해?", "그럼 어떻게 해야 할까?" 등과 같은 질문으로 자녀 스스로 문제의 본질을 찾아가도록 길을 열어주세요. 그것도 신경 쓰기 힘들면 단순히 "왜?"만 반복해도 돼요. 결국 하브루타가 답이에요. 다음 영상은 거꾸로 딸이 아빠에게 반복해서 "왜?"라는 질문을 할 때 벌어지는 상황을 보여줘요.

**"질문의 힘, WHY" 유튜브 바로가기**

◆ **나눔 질문**

✓ 딸과 아빠가 대화한 시간은 얼마나 걸렸는가?

✓ 이 짧은 시간에 아빠와 딸 사이에 몇 가지 주제의 대화가 다뤄졌는가?

✓ 아빠의 태도에서 무엇을 느꼈는가?

✓ 9세 딸의 눈은 계속 무엇을 바라보고 있었는가?

아빠와 딸의 사이가 친밀하고 좋아 보였는가? 귀찮아서 억지로 하는 대화였는가?

## * 정서와 사회성

아동 전기는 정서적인 반응이 빨라지고, 타인과의 소통에 서툴지만 적극성을 띠어요. 호기심, 추리력, 상상력, 기억력 모든 면에서 유아기보다 왕성하고 좋아져요. 인형, 장난감, 소꿉장난 놀이를 즐기고, 친구와 사귀는 것을 좋아해요. 스스로 문제를 해결하고 싶어 하지만 그럴 능력은 없어요. 그래서 실수도 잦고, 나쁜 행동도 하고, 친구와 문제를 일으키기도 하며, 불평도 많고, 거짓말도 쉽게 해요.

이 모든 것이 잘못되고 혼나야 할 일이라기보다, 급격히 성장하면서 나타나는 미성숙하고 서툰 모습일 뿐이에요. 이를 어른의 기준으로 야단치고, 화내고, 억제하면 아이는 자존감에 큰 상처를 입어요. 자신의 존재 가치를 비하하며, 더 나쁜 양상으로 나아갈 수도 있고요.

## * 영적인 특성

하나님과 예수님, 복음에 대한 성경 지식을 빠르게 흡수할 뿐만 아니라 기도, 말씀, 예배에 대한 갈망도 일어나요. 《주일학교 교사를 위한 효과적인 반목회》(파이디온선교회)를 쓴 원준자 저자는 아동기의 아이는 예수님을 구세주로 영접할 준비가 되어 있고, 예배의 경험을 통해 예수님의 사랑과 죄 용서, 기쁨과 평안을 알고, 죽음과 천국에 대한 강한 호기심을 갖는다고 했어요. 또한 성경을 이해하고 깨달아가면서 선악에 대한 개념도 발달하기 시작하며, 악한 사람을 싫어하고, 선한 사람이 되고 싶어 해요.

어린 나이임에도 영적인 열망과 신앙의 순수성이 드러나지만, 아직은 자기중심성이 강하고, 성품이나 책임, 관계 등이 서툰 아동이라는 점을 인식해야 해요. 가족과 함께 예배할 때 나서고 싶어 하고, 인정받고 싶어 하는 모습을 보이더라도 "겸손해야 해", "잘난 체하지 마" 하며 빈정대거나 꾸짖지 말라. 때가 되면 자신이 잘난 존재가 아니라는 것을 스스로 깨달을 때가 와요.

대신 이 시기에는 있는 모습 그대로 인정해 주고, 질문
과 대화를 통해 격려하면서, 좋은 행동을 위한 방법과 길
을 가르치고, 그때 얻는 열매와 유익을 깨닫도록 도와주
면 금세 옳은 길로 돌아와요.

예배 코드

**모임-구제/축복/촛불점화/식사/대화/후식;**

**말씀-성경읽기/그리기/하브루타;**

**응답- 찬양/회개/기도; 파송-기도**

**G-O/Bl/C/T/D;**

**W-A/B/Rd/Dr/H;**

**R-P/I/Rp/Py; D-Py**

모임G에서 일주일간 모은 구제함O을 사용할 곳에 대
해 가볍게 나눠요. 자녀와 아내를 축복Bl하고, 촛불C을
켠 후에 아이가 좋아하는 맛있는 식사T하며 유치원, 학
교에서 있었던 일을 자연스럽게 나눠요. 부모는 훈계하
거나, 지적하거나, 가르치지 말고, 아이가 느끼는 감정에
공감해 주고, 나누는 이야기에 귀 기울여 경청해 주세요.

때때로 자녀들이 서로 의견이 다르거나 다툴 때 부모는 한쪽 편만 들지 말고, 피스메이커로서 중재하거나, 질문을 통해 스스로 서로의 갈등을 해결하도록 조율하세요.

말씀 토론W 시간에는 후식A을 하며 진행해도 좋아요. 발달단계에 맞게 10분 단위로 분위기를 전환해가며 진행해 보세요.

## 1. 내용 질문(10분)

가족이 돌아가며 성경B을 소리 내어 읽어요Rd. 아이들은 생각보다 성경의 내용을 잘 이해하지 못해요. 생소한 단어도 많아요. 그래서 읽는 것만큼 중요한 것은 단어와 내용(이야기)에 대해 이해할 수 있도록 도와주는 것이에요.

"잘 모르는 단어 있니?" "지금 어떤 일이 벌어지는 것 같아?" 부모가 질문해도 되고, 아이가 먼저 질문하도록 유도해도 돼요. 본문의 정확한 내용을 파악하기 위함이에요. 다음 스텝으로 넘어가기 전에 아이가 본문 내용을 얼마나 이해했는지 말해보게 하세요.

본문 내용을 어느 정도 인지했으면 그다음은 등장인물의 말, 성격, 행동, 하나님과 예수님의 성품, 감정, 의도 등을 파악하는 질문 단계로 나아가세요. 지루하지 않게, 성경 이야기를 그림이나 만화로 표현Dr하게 해보세요. 어느 날은 본문 전체를 한 장에 표현해 보고, 또 다른 날은 한 구절 한 구절마다 그림을 그리는 등 다양하게 시도하는 것이 좋아요. 왜 이렇게 그렸는지 아이의 생각을 물어보세요. 아무리 엉뚱해도 칭찬하고 공감해 주세요. 그림을 그리면서 자녀는 자연스럽게 성경 본문 당시의 상황에 몰입해요. 서로 질문하고 대화Di할 때보다 실제적이고 구체적인 토론을 할 수 있어요. 본문의 행간에 담긴 성경 저자와 하나님의 의도, 사건의 의미를 더 정확하게 파악하게 돼요.

## 2. 상상 질문(10분)

성경은 본문이 다루고 있는 당시 상황에 대해 자세하고 세밀하게 기록돼 있지는 않아요. 성경의 저자들은 예수 그리스도의 복음을 드러내기 위한 핵심 내용만 다뤄요. 상상 질문은, 앞에서 파악된 본문의 배경과 의미를 바탕으로 성경 시대와 오늘의 문화, 언어, 지역적 차이를 극복하기 위해 상상의 나래를 펴서 질문하는 시간이에 요.

성경 본문의 현장으로 타임머신을 타고 들어가 보기도 하고, 자신이 성경 속의 주인공이나 다른 인물이 되어보 기도 해요. 그림을 그릴 때 자기 모습도 넣게 해보세요. 수천 년 전 본문의 현장에 아이와 함께 직접 들어가서 등 장인물들의 특성, 그들의 감정과 어투가 어떠했을지, 문 화와 환경, 냄새와 기후 등등에 대해 질문하고 토론H해 보세요.

그 과정에서 성령께서 역사하시면, 일방적으로 설교를 들을 때는 알 수 없던 저자의 의도나 하나님의 역사를 생 생하고 입체적으로 깨닫고 경험할 수 있어요. 그때 떠오 르는 찬양P이나 노래가 있으면 기타나 피아노로, 또는 유튜브를 틀어놓고 함께 불러보세요.

### 3. 적용 질문(10분)

본문에서 깨달은 내용을 가정과 학교, 교회의 삶에 어

떻게 적용할지, 회개와 헌신과 결단할 것들이 있는지, 서로 질문하고 나누고 기도하세요R-Rp.

일상 하브루타I는 복잡한 사회 이슈는 아직 어려우니, 일주일 동안 학교나 집에서 경험한 일을 자유롭게 나눠요. 이 나눔을 통해 자녀는 부모를, 부모는 자녀를 서로 깊이 이해하는 기회가 돼요. 이 시기에 다양한 신앙의 위인들에 대해 가볍고 폭넓게 소개해서 꿈을 심어주는 것이 필요해요. 기도 제목Pr을 나눈 후, 마지막으로 자녀들을 위해 기도Py하고 마칩니다.

◆ **실습**

"실리콘밸리 초등학생들이 필수로 배운다는 질문법의 정체", 영상보기

## ◆ 나눔 질문

✓ 실리콘밸리 초등학생들이 배우는 2가지 질문이 무엇인가?

✓ 이 2가지 질문과 오늘 우리가 다룬 내용질문, 상상질문과 비교해 보라.

✓ 자녀에게 이 영상을 보여주고 2가지 질문의 차이에 대해 나눠보자.


## ◆ 보충

실리콘 밸리 아이들이 배우는 두 가지 질문인 얇은 질문Thin question과 두꺼운 질문Thick question은 우리가 다뤄온 내용 질문, 상상 질문과 비슷한 개념이다. 이 질문법 만으로도 아동 전기 자녀들과 질문 중심으로 말씀을 토론하는 것이 얼마든지 가능하다. 구약의 천지창조, 아담과 이브 창조, 선악과, 노아의 방주, 야곱 이야기, 요셉 이야기, 출애굽 스토리, 신약은 요한복음에 있는 예수님 공생애 이야기들 가운데 10절 정도 길이의 구절을 선택해서 시도해 보라.

## ◆ 꿀팁

성경을 하브루타로 나누는 교재가 아직은 많지 않다. 하브루타선교회가 지은 《실전! 교회 하브루타》에는 유년부 아이들과 성경 하브루타 할 수 있는 다양한 방법이 소개된다. 예를 들어 '말씀 카드 찾아 짝짓기'는 미리 아이가 모를 것 같은 낱말을 찾아 카드로 만들어 놓고 열어보게 하거나 어린이 성경 사전을 찾게 하고, 혹은 인터넷 검색을 하게 한다. 그 외에도 팝업북 만들기, 그림엽서 만들기, 실천 카드 만들기, 질문 카드 보드게임 등이 있다. 이 책이 소개하는 다양한 팁으로 성경을 더 재미있게 배우는 하브루타를 경험할 수 있다.

일상 하브루타에 도움 되는 어린이 신앙 위인전도 소개한다. 《귀염둥이 처음 읽는 신앙 위인전》(15권), 《프리셉트 어린이 신앙 전기》(14권), 《생명의 말씀사 어린이 신앙 위인 도서 세트》(3권).

# 엄마 하나님이 뭐라고 하셔?

하루는 연구소 간사가 친구에게 일어난 실화를 나누어 주었어요. 자녀가 자매 둘인 가정인데, 신앙이 없는 아이들과 어떻게 성경으로 대화할까 고민에 빠진 거예요. 한참을 생각하던 중에 문득 아이디어가 떠올랐답니다. 자신이 먼저 성경 읽는 시간을 갖는 것이었어요. 엄마는 자녀들에게 이렇게 부탁했어요.

"엄마가 하나님 만나는 시간에는 엄마 건드리지 말고 조용히 해줄 수 있어?"

아이들은 무슨 말인지 잘 이해하지 못했지만, 엄마의 부탁이니까 들어줄 수밖에 없었어요. 그러던 어느 날이었어요. 딸아이가 엄마한테 다가와서 조용히 묻더랍니다.

"엄마, 하나님이 뭐라고 하셔?"

그 질문이 접촉점이 되어 아직 예수님을 믿지 않는 두 자녀와 함께 말씀을 읽고 대화하며 토론하는 시간이 시작되었답니다.

쉐마가 가르치는 원리대로, 먼저 부모의 모범이 참 중요해요. 부모의 사랑은 내리사랑입니다. 자녀를 보면 부모가 보이고 부모의 성품과 버릇은 자녀에게 대물림됩니다. 뒷모습을 잘 가꾸세요. 아이는 부모의 뒷모습을 보고 배워요. 1년 내내 주일예배 빠지지 않고 참석하는 것보다 가정에서 부모가 보여주는 행동 하나, 자기도 모르게 나오는 말버릇 하나, 사람을 배려하는 태도, 위급한 일이 터졌을 때 대응하는 자세 등에서 자녀들은 더 큰 영향을 받고, 배우고, 따릅니다.

## ◆ 꿀팁

성급할 필요 없다. 어차피 자녀 양육은 평생의 과정이니까. 늦었다고 생각했을 때가 가장 빠른 것이다. 결혼예비학교, 자녀양육세미나, 대가학교 같은 과정을 꼭 들어보기를 추천한다. 부모가 되기 위해 반드시 알아야 하고, 가슴에 새겨야 할 주제들이 많다. 교회나 가정사역 단체들이 여러분을 도와드릴 수 있을 것이다.

# 아동 후기와 청소년기의 대화식 가정예배

## 신앙전수의 황금기 / 충동기

아동 후기(10~12세)는 신앙 전수의 황금기에요. 즉, 유대인처럼 영아 때부터 시작했을 경우 신앙 전수가 완성되는 시기입니다. 아동 후기를 절대 가볍게 여겨서는 안 돼요. 특히 이 시기는 우리 민족의 역사와 정신에 대해, 우리가 본받아야 할 민족의 훌륭한 인물들에 대해, 존경할 만한 기독교 선배들에 대해, 세계사의 흐름에 대해 나눠도 충분히 이해하고 자아와 정체성을 찾는 매우 중요한 때입니다.

## * 신체적 특징

아동 후기는 갈수록 활력이 넘치고, 공격이나 도전하기 좋아하고, 시끄럽고, 가만히 앉아 있을 수 없어서 끊임없이 움직이며 운동을 해야 직성이 풀리는 시기예요. 체격, 체력, 활력 모두 급속히 자라고 넘쳐서 어린 시절의 꼬마 모습은 거의 사라져요.

## * 언어적 특성

1960년대 석학 노엄 촘스키Avram Noam Chomsky에 의하면, 언어를 습득하는 결정적 시기의 끝자락이 12~13세입니다. 최근에는 뇌가 나이와 상관없이 끊임없어 변화하고 발전한다는 주장이 우세하지만, 그럼에도 변함없는 사실은 12~13세에 이미 언어 능력의 극대치에 도달한다는 점이에요. 유대인이 12~13세에 성인식을 하는 것은 우연의 일치일까요? 분명한 것은 이 나이에 자녀의 언어 능력와 논리력은 성인에 근접한다는 사실이에요.

## * 정서적 특성

고학년으로 올라가면서 갑자기 부모에게서 독립하고 싶어 해요. 대신 친구들과 집단으로 행동하며 몰려다니고 온오프라인에서 게임하는 것을 좋아하죠. 부모가 싫어서가 아니라 혼란스러운 자신의 정체성을 찾아가는 여정이 시작된 것이니 놀랄 필요 없어요. 어느 날 갑자기 방문을 잠그고, 말수가 줄고, 얼굴도 무표정할 때 다짜고짜 "너 갑자기 왜 그래?", "집안에서 얼굴 좀 펴고 다녀!" 하며 야단치면 자녀는 더 마음의 문을 닫아버립니다. 그보다는 "요즘 생각이 많아졌구나. 이해해. 그래도 엄마는 너랑 같이 대화 자주 못 해서 좀 서운하네. 언제 시간 좀 내줄래?" 아이는 자신도 이해 못 하는 자기 행동에 대해 다정하게 공감해주는 엄마에게 마음을 열게 돼요.

이때 나타나는 눈에 띄는 변화 가운데 하나가 방이 갑자기 지저분해지는 것이에요. 우리 집 아들, 딸도 모두 이 나이쯤에 갑자기 방이 정신없어지기 시작했어요. 옷이나 양말, 가방, 책을 아무 데나 던져놓고 치우지 않아요. 게을러진 것도, 무슨 문제가 생긴 것도 아니에요. 갑자기 관심사가 폭발해서 새로운 일, 도전적인 일에 집중하느라 정리 정돈에는 신경 쓸 여력이 없어요. 부모는 눈에 보이는 행동보다 아이 내면의 변화를 이해하고 공감해야 해요. 그럴 때 부모는 아이의 마음을 얻어요.

* 영적 특성

《주일학교 교사를 위한 효과적인 반목회》의 원준자 저자는 아동 후기인 초등부에 예수님을 영접하는 아이가 많다고 했어요. 이 시기에 예수님을 믿지 못하면 곧 닥칠 사춘기에 신앙에 대해 회의하고 방황하기 쉬워요. 이 시기의 아이들은 예수님을 알아가고, 죄를 회개할 수 있으며, 묵상과 기도와 찬양 같은 기본적인 신앙생활을 할 수 있어요.

예배 코드
모임-구제/축복/촛불점화/식사/대화;
말씀-후식/성경/하브루타/찬양;
반응-일상/하브루타/기도; 파송-기도
G-O/Bl/C/T/D; W-A/B/H/P; R-I/H/Py; D-Py

만일 두세 살부터 계속 가정예배를 드렸다면 이때가 대화식 가정예배의 황금기예요. 신앙의 전수가 거의 완수되는 시기이기 때문이에요. 이즈음 되면 말씀 대화나 이슈 대화를 깊고 다양한 방식으로 할 수 있어요. 부모와 자녀 모두 성경 토론 수준은 웬만한 신학생 수준보다 나을 수도 있어요. 성경적 세계관과 복음으로 다양한 시사 이슈를 주제로 토론과 논쟁을 할 수 있고요. 전체 예배 코드 가운데 어떠한 요소라도 신축적으로 적용해서 할 수 있어요.

사춘기가 시작되고 혼자 있기를 좋아할 때지만, 가정 예배 하며 자유롭게 자신의 생각과 마음을 나누고, 질문하고 대화하는 시간을 매주 가질 때 질풍노도의 시기도 가볍게 넘길 수도 있어요.

아동 전기의 성경 대화방식인 내용 질문-상상 질문-적용 질문의 양식은 그대로 진행하는 것이 좋아요. 아동 후기로 갈수록 본문의 의미를 이해하고 해석하는 대화와 토론H은 더욱 치열하고 깊어져요. 토론 가운데 성령께서 지혜와 계시의 영을 주셔서, 마음의 눈이 밝아지고, 하나님을 더 온전히 알게 되고, 부르심의 소망과 하나님의 영광스러운 상속의 풍성함을 알게 되어요(엡 1:17, 18).

마치 예수께서 12세에 랍비들과 질문하고 토론했던 것처럼, 유대인 어린이가 성인식을 마치면 랍비들과 토론할 수 있게 돼요. 개신교 자녀들도 이 시기에 성경의 유일성, 복음의 영광 같은 신학적 주제에 대해 목회자들과 토론할 수 있게 돼요.

만일 4~6학년 자녀들과 처음 가정예배를 드리는 상황이라면, 생각보다 쉽지 않을 수 있어요. 질문하는 방법과 대화식 가정예배에 익숙해지기 전까지 모임. 말씀, 응답, 파송GWRD 모두를 진행할 필요는 없어요. 축복Bl과 맛있는 식사T, 대화Di 후, 말씀B으로 질문하고 대화하는 정도로 신축성 있게 시작해 보세요. 점점 익숙해지면, 깊이 있는 성경 하브루타H와 삶의 이슈I로 하브루타H를 시도하고, 가족들이 기도 제목Pr 나눈 후, 자녀들을 위한 기도Py로 세상으로 파송하는 단계까지 나아갈 수 있어요.

◆ 꿀팁

《실전! 교회 하브루타》는 초등부 아이들과 성경 하브루타 할 수 있는 실제적인 방법을 풍성히 소개한다. 질문 카드 뒤집기, 생각나는 단어로 이야기 만들기, 단어 털기, 재활용품으로 상상해 만들기, 베스트 질문 뽑아 하브루타 하기, 비교 하브루타, 인터뷰, 다시 쓰는 성경 이야기, PMI 토론 등을 통해 성경을 더욱 재미있고 창의적으로 알아가게 도와준다. 이익열 목사가 쓴 《성경 하브루타 워크북》은 초등학교 3학년부터 성인까지 사용할 수 있는 실제적인 성경 하브루타 길라잡이다.

## 청소년기의 대화식 가정예배

세상이 자기중심으로 돌아가요. 격한 성장기에 엄청난 수다쟁이거나 많이 먹고 많이 자고 많이 움직여요. 감정 기복이 심하고, 불안하고, 충동적이에요. 관심과 기대를 원하지만 부담스러워해요. 친구 없이는 못 사는 시기예요. 이 모두 《중학생, 기적을 부르는 나이》[72]에서 말하는 중학생의 특징이에요. 중학생의 뇌는 두정엽이 발달한 상태예요. 한편 전두엽이 발달하기 시작해요. 그래서 가만히 앉아서 단순한 내용을 암기하는 반복식 학습은 중

---

72) 박미자, 중학생, 기적을 부르는 나이 (들녘, 2023)

학생 뇌 발달에 나쁜 영향을 줄 수도 있다고 해요.[73]

그러니 사춘기 아이에게 기존의 일방적인 가정예배는 고문과 같은 시간이에요. 오히려 이들에게는 직접 토론하고 활동하며 다양한 경험을 하게 해줘야 해요. 그러니 기존의 딱딱하고 수동적인 가정예배보다는 자유롭고 자기 주도적으로 토론하고, 창의적인 게임이나 활동이 가능한 대화식 가정예배가 이들이 하나님을 만나는 매력적인 통로예요.

중학교 2학년의 고민을 설문했더니 1위와 3위가 "부모님의 기대가 너무 커서 힘들다", "부모님은 내가 하는 일을 이해하지 못하는 경우가 많다"[74]였어요. 자신도 자신을 잘 모르는 아이에게 부모가 과도한 짐을 주어서는 안 돼요.

이 시기는 사회성이 가장 많이 발달하는 시기예요. 이들에게 가장 중요한 대상은 가족이 아닌 친구이죠. 이것이 가족과 함께 시간을 보내는 것에 큰 의미를 두지 않는

---

73) Ibid., 23
74) 전성수, 자녀교육 혁명 하브루타, 153.

이유예요. 이런 자녀의 마음을 얻는 열쇠는 이들의 급격한 변화를 이해하고 존중하는 것이에요. 그럴 때 아이는 부모를 존경하게 되어요.

중학교 3학년에서 고등학생으로 넘어가면서 두뇌의 전두엽 발달이 빨라져서 합리적이고 이성적인 사고와 행동을 하게 돼요. 한층 성숙해진 자녀와 대화식 예배를 드리는 목적은 더 이상 신앙 전수가 아닌 영적 성숙이어야 할 거예요.

예배 코드

**모임-구제/축복/촛불점화/식사/대화;**

**말씀-후식/성경/하브루타/찬양;**

**반응-일상/하브루타/기도; 파송-기도**

**G-O/Bl/C/T/D; W-A/B/H/P; R-I/H/Pr; D-Py**

청소년기의 예배 코드는 아동 후기와 별다른 차이가 없어요. 이 책이 선호하는 대화식 가정예배의 최고봉은 12~13세예요. 이때 신앙 전수가 완성된다는 것은 대화식 가정예배에서 시도할 수 있는 것은 모두 해보았다는 뜻이에요. 그러므로 어려서부터 10년 동안 대화식 가정예배를 드려온 청소년은 더는 부모 도움 없이도 스스로 가정예배의 주제와 예배 코드를 주체적으로 선택하고 예배 인도도 가능해져요.

물론 가정예배를 시작할 때 자녀와 아내를 축복하는 역할은 여전히 가정의 제사장인 아버지의 몫이에요.

뒤늦게 청소년기에 대화식 가정예배를 시작하는 상황이라면 앞에서 제시한 예배 코드를 자녀의 상황에 맞게 선택하고 진행하면 돼요. 신앙이 좋은 자녀일 경우는 19과에서 소개한 가장 일반적인 대화식 가정예배 순서를 중심으로 자신의 가정 상황에 맞게 진행하세요

◆ 꿀팁

아동 후기의 '일상 하브루타'에서 민족의 정체성과 위인에 대해 폭넓게 다루었다면 청소년 시기는 더 깊이 있게 다뤄보자. 윤은성이 지은 《세상을 바꾼 한국사 역사인물 10인 만남》을 추천한다. 챕터별로 미리 읽고, 매주 한 명을 선정해 토론해 보자. 천재보다 인성을 갖춘 청소년이 잘된다는 신

념으로 문학, 역사, 철학을 통해 인성 인문학을 설파한 임재성의 《청소년을 위한 인성인문학》도 한 챕터씩 토론해 보길 추천한다. 아울러 30년 중학교 교사 경험을 가진 박미자가 옆에서 속사이듯 코칭하는 《중학생, 기적을 부르는 나이》도 사춘기 자녀를 둔 부모에게 추천한다.

# 4주 차 토론

벌써 4주 마지막 날이다. 오늘은 끝이 아니라 멀고도 영광스러운 새로운 시작의 날이다. 우리 집 대화식 예배가 자손 대대로 천대를 이어가는 출발선이기 때문이다.

기도 후 아래 질문에 대해 자유롭게 토론한다.

1. 4주 동안 나에게, 또는 가정에 생긴 가장 큰 변화가 있다면 무엇인지 서로 나누자.

2. 우리 집 고유의 가정예배 코드가 무엇인지 나눠보자.

3. 출애굽기 21:6 "나를 사랑하고 내 계명을 지키는 자에게는 천 대까지 은혜를 베푸느니라"(출 21:6) 말씀을 갖고 하브루타로 나눠보자.

예) 어떻게 하면 우리 가정이 천대까지 하나님의 은혜가 흘러갈 수 있을까? '천대'란 무슨 의미인가? 외 다양한 질문으로 토론해 보자.

4주 동안 수고한 자신과 서로를 격려하고 축복하자. 천대까지 하나님의 은혜가 흘러가는 신앙의 명가가 되기를 기도하고 마친다.

# 10년의 시나리오

당신의 가정에 최적화된 예배의 집에 자신이 선호하는 실내장식까지 모두 마쳤다. 이제 마지막 남은 지붕은 하나님께서 자신의 임재로 덮어주신다.

이런 가정예배를 10년 드렸을 때, 우리가 불가능이라고 여겼던 가정의 열매들이 실제로 맺히는 것을 목도하게 될 것이다. 여기 그 열 가지 시나리오다.

첫째, 부모와 자녀가 신앙과 인생에 대해 자유롭게 대화하는 가정 문화가 형성된다.

둘째, 부모와 자녀 사이에 깊은 애착 관계가 형성된다.

셋째, 부모와 자녀는 율법적 감시적 관계가 아닌 은혜와 신뢰의 관계로 견고해진다.

넷째, 형제자매끼리도 깊은 내면의 고민까지 공감하는 친밀함으로 맺은 인생의 동반자가 된다.

다섯째, 자녀들이 사춘기를 큰 어려움 없이 지난다.

여섯째, 논리적, 창의적, 능동적인 사고와 표현력을 갖는다.

일곱째, 상대의 마음을 이해, 배려, 양보할 줄 아는 공감 능력을 지닌 젊은이로 자라간다.

여덟째, 가족의 3~4세대 차이가 극복된다.

아홉째, 부모의 신앙이 자연스럽게 자녀에게 전수된다.

열째, 오직 하나님만 예배하는 신앙의 명가를 대대로 이룬다.

대화로 드리는 가정예배는 하나님의 명령이자 신앙전수의 원안이라고 했다. 아브라함의 28대손이 다윗이고, 42대손이 예수님이셨듯이, 당신의 가정에도 자손 대대로 영적 거인들, 복음의 장인들이 쏟아져 나올 것이다.

이들이 하나님 나라와 복음의 영광을 드러내는 새로운 세대로 일어날 것이다. 이들이 한국 교회의 그루터기가 될 것이고, 통일 한국 시대의 주역이 될 것이다.

---

75) 10가지 시나리오에 대한 더 자세한 내용은 <대화식 가정예배> 257-9를 참고하라.

# 대화식 가정예배 서약서

우리 가족은 오늘부터 대화식 가정예배를
정기적으로 드리기를 다짐합니다.

- 목적: 하나님을 사랑하고 신앙을 전수하기
- 날짜: 매주　　　요일　　　시
- 장소:

- 서약자:

　　　　　　　(서명)　　　　　　　　(서명)

　　　　　　　(서명)　　　　　　　　(서명)

　　　　　　　(서명)　　　　　　　　(서명)

위 내용대로 성실하게 참여하기를 약속합니다.

　　　　　　　　　　　　　20　　년　　월　　일

　　　　　　　　　　　　　　　　　가족 일동

# 우리 집 예배 코드

여기에 우리 가정의 예배 코드를 기록해 보자.
우리 집 대화식 예배 변화의 역사를 한 눈에 볼 수 있다.

| 일시 | 예배 코드 |
| --- | --- |
|  |  |
|  |  |
|  |  |
|  |  |
|  |  |
|  |  |
|  |  |

### 질문으로 여는
# 행복한 가정예배

**초판 1쇄 발행** 2025년 3월 1일
**지은이** 이유정
**내지삽화** 이유정
**편집 디자인** 오형석

**발행인** 이유정
**발행처** 도서출판 좋은나라
**주소** 서울특별시 영등포구 선유서로24길 6, 2동 101호
**전화** 010-3320-0599
**팩스** 02-6455-6781

**ISBN** 979-11-983499-2-7 13230